朝鮮總督府 編纂

# 초등학교 <地理> 교과서(下)

김순전 · 사희영 · 박경수 · 상미경

김서은 · 차유미 · 여성경 編

제이엔씨
Publishing Company

1944년 『初等地理』第五學年　　1944년 『初等地理』第六學年

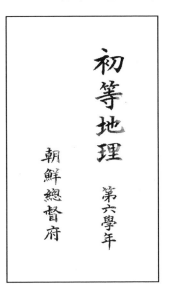

初等地理　第五學年

朝鮮總督府

初等地理　第六學年

朝鮮總督府

# ≪總 目 次≫

6 朝鮮總督府 編纂 初等學校『地理』교과서(下)

# 序 文

## 1. 조선총독부 편찬 초등학교 <地理>교과서 원문서 발 간의 의의

본서는 일제강점기 조선총독부에 의해 편찬된 관공립 초등학교용 <地理>교과서 『初等地理書』卷一·二(1932-33, 2권), 『初等地理』卷一·二(1940-41, 2권), 『初等地理』第五·六學年(1944) 등 총 6권 에 대한 원문서이다.

교과서는 국민교육의 정수(精髓)로, 한 나라의 역사진행과 불가분 의 관계성을 지니고 있기에 그 시대 교과서 입안자의 의도는 물론이 려니와 그 교과서로 교육받은 세대(世代)가 어떠한 비전을 가지고 새 역사를 만들어가려 하였는지를 알아낼 수 있다.

주지하다시피 한국의 근대는 일제강점을 전후한 시기와 중첩되어 있었는데, 그 관계가 '국가 對 국가'이기보다는 '식민자 對 식민지'라 는 일종의 수직적 관계였기에 정치, 경제, 사회, 문화, 교육에 이르기 까지 일제의 영향을 배제하고는 생각하기 어렵다.

이는 교육부문에서 두드러진 현상으로 나타난다. 근대교육의 여명 기에서부터 일본의 간섭이 시작되었던 탓에 한국의 근대교육은 채 뿌리를 내리기도 전에 일본의 교육시스템을 받아들이게 되었고, 이 후 해방을 맞기까지 모든 교육정책과 공교육을 위한 교과서까지도 일제가 주도한 교육법령에 의해 강제 시행되게 되었다. 그런 까닭에 일제강점기 공교육의 기반이 되었던 교과서를 일일이 찾아내어 새

로이 원문을 구축하고 이를 출판하는 작업은 '敎育은 百年之大系'라
는 생각으로 공교육을 계획하는 국가 교육적 측면에서도 매우 중차
대한 일이라 여겨진다. 이야말로 근대 초등교과과정의 진행과 일제
의 식민지교육정책에 대한 실체를 가장 적확하게 파악할 수 있는 기
반이 될 뿐만 아니라, 현 시점에서 보다 나은 시각으로 역사관을 구
명할 수 있는 기초자료가 될 수 있기 때문이다.

지금까지 우리는 "일본이 조선에서 어떻게 했다"는 개괄적인 것은
수없이 들어왔으나, "일본이 조선에서 이렇게 했다"는 실체(實體)를
보여준 적은 지극히 드물었다. 이는 '먼 곳에 서서 숲만 보여주었을
뿐, 정작 보아야 할 숲의 실체는 보여주지 못했다.' 는 비유와도 상통
한다. 때문에 본 집필진은 이미 수년전부터 한국역사상 교육적 식민
지 기간이었던 일제강점기 초등교과서의 발굴과 이의 복원 정리 및
연구에 진력해 왔다. 가장 먼저 한일 <修身>교과서 58권(J:30권,
K:28권) 전권에 대한 원문서와 번역서를 출간하였고, <國語(일본
어)>교과서 72권 전권에 대한 원문서와 번역서의 출간을 지속적으
로 진행하고 있는 중에 있다. 또한 <唱歌>교과서의 경우 19권 전권
을 원문과 번역문을 함께 살펴볼 수 있도록 대조번역서로서 출간한
바 있다. 또한 이들 교과서에 대한 집중연구의 결과는 이미 연구서로
출간되어 있는 상태이다.

일제강점기 조선의 초등학교에서 사용되었던 <地理>교과서 원문
서 발간은 이러한 작업의 일환에서 진행된 또 하나의 성과이다. 본
원문서 발간의 필연성은 여타의 교과서와는 다른 <地理>교과서의
교육적 효과, 즉 당시의 사회상을 통계와 실측에 기초한 각종 이미지
자료를 활용하여 보다 실증적인 교육전략을 구사하고 있기에 그 의
의를 더한다.

한국이 일본에 강제 병합된 지 어언 100년이 지나버린 오늘날, 그 시대를 살아온 선인들이 유명을 달리하게 됨에 따라 과거 민족의 뼈 아팠던 기억은 갈수록 희미해져 가고 있다. 국가의 밝은 미래를 그려 보기 위해서는 힘들고 어려웠던 지난날의 고빗길을 하나하나 되짚어 보는 작업이 선행되어야 하지만, 현실은 급변하는 세계정세를 따르는데 급급하여 이러한 작업은 부차적인 문제로 취급되고 있는 실정이다. 과거를 부정하는 미래를 생각할 수 없기에 이러한 작업이 무엇보다도 우선시되어야 할 필연성을 절감하지 않을 수 없는 것이다.

최근 일본 정치권에서는 제국시절 만연했던 국가주의를 애국심으로 환원하여 갖가지 전략을 구사하고 있다. 물론 과거의 침략전쟁에 대한 비판의 목소리도 있긴 하지만, 현 일본 정치권의 이같은 자세에 대해 더더욱 실증적인 자료 제시의 필요성을 느낀다.

본서의 발간은 일제강점기 조선인 학습자에게 시행되었던 <地理>교과서를 복원함으로써 <地理>교육에 대한 실증적 자료제시와 더불어 관련연구의 필수적 기반으로 삼고자 하는 것이다.

## 2. 일제강점기 지리교육의 전개와 <地理>교과서

### 1) 식민지 지리교육의 전개

한국 근대교육의 교과목에 공식적으로 <歷史>와 함께 <地理>과목이 편제된 것은 1906년 8월 공포된 <普通學校令> 제6조의 "普通學校 敎科目은 修身, 國語 및 漢文, 日語, 算術, 地理, 歷史, 理科, 圖畵, 體操로 한다. 여자에게는 手藝를 가한다."(勅令 제44호)는 조항에

의한다. 그러나 <普通學校規則> 제9조 7항을 보면 "地理歷史는特別
훈時間을定치아니ᄒ고國語讀本及日語讀本에所載한바로敎授ᄒᄂ니
故로讀本中此等敎授敎材에關교ᄒ야는特히反復丁寧히設明ᄒ야學徒
의記憶을明確히홈이라."고 되어 있어, 별도의 시수 배정이나 교과서
편찬은 하지 않고 國語(일본어) 과목에 포함시켜 교육하고 있었음을
말해준다.

　이러한 시스템은 강점이후로 그대로 이어졌다. 한국을 강제 병합
한 일본은 한반도를 일본제국의 한 지역으로 인식시키기 위하여 '大
韓帝國'을 '朝鮮'으로 개칭(改稱)하였다. 그리고 제국주의 식민지정
책 기관으로 '朝鮮總督府'를 설치한 후, 초대총독으로 데라우치 마사
타케(寺內正毅, 이하 데라우치)를 임명하여 원활한 식민지경영을 위
한 조선인의 교화에 착수하였다. 이를 위하여 무엇보다도 역점을 둔
정책은 식민지 초등교육이었다. 1911년 8월 공포된 <朝鮮敎育令>
全文 三十條에는 데라우치의 조선인교육에 관한 근본방침이 그대로
담겨 있는데, 그 요지는 '일본인 자제에게는 학술, 기예의 교육을 받
게 하여 국가융성의 주체가 되게 하고, 조선인 자제에게는 덕성의 함
양과 근검을 훈육하여 충량한 국민으로 양성해 나가는 것'이었다. 교
과서의 편찬도 이의 취지에 따라 시도되었다.

　그러나 강점초기 <地理> 및 <歷史>과목은 이전과는 달리 교과목
편제조차 하지 않았다. 당시 4년제였던 보통학교의 학제와 관련지어
5, 6학년에 배정된 역사, 지리과목을 설치할 수 없다는 표면적인 이
유에서였지만, 그보다는 강점초기 데라우치가 목적했던 조선인교육
방침, 즉 "덕성이 함양과 근검을 훈육히여 충량한 국민으로 양성"해
가는데 <地理>과목은 필수불가결한 과목에 포함되지 않았다는 의
미에서였을 것이다. <地理>에 관련된 내용이나 변해가는 지지(地

誌)의 변화 등 지극히 일반적인 내용이나 국시에 따른 개괄적인 사항은 일본어교과서인 『國語讀本』에 부과하여 학습하도록 규정하고 있었기에, 좀 더 심화된 <地理>교과서 발간의 필요성이 요구되지 않았던 까닭으로 보인다.

일제강점기 초등교육과정에서 독립된 교과목과 교과서에 의한 본격적인 지리교육은 <3·1운동> 이후 문화정치로 선회하면서부터 시작되었다. 보통학교 학제를 내지(일본)와 동일하게 6년제로 적용하게 되면서 비로소 5, 6학년과정에 <國史(일본사)>와 함께 주당 2시간씩 배정 시행되게 된 것이다. 이러한 사항은 1922년 <제2차 교육령> 공포에 의하여 법적 근거가 마련되게 되었다. 이후의 <地理>교육은 식민지교육정책 변화에 따른 교육법령의 개정과 함께 <地理>과 교수요지도 변화하게 된다. 그 변화 사항을 <표 1>로 정리해 보았다.

<표 1> 조선 교육령 시기별 <地理>과 교수 요지

| 시 기 | 법적근거 | 내　용 |
|---|---|---|
| 2차 교육령 (1922. 2. 4) | 보통학교 규정 14조 조선총독 부령 제8호 (동년 2. 20) | - 지리는 지구의 표면 및 인류생활의 상태에 관한 지식 일반을 가르치며, 또한 우리나라(일본) 국세의 대요를 이해하도록 하여 애국심을 기르는데 기여하는 것을 요지로 한다.<br>- 지리는 우리나라(일본)의 지세, 기후, 구획, 도회(都會), 산물, 교통 등과 함께 지구의 형상, 운동 등을 가르치도록 한다. 또한 조선에 관한 사항을 상세하게 하도록 하며, 만주지리의 대요를 가르치고, 동시에 우리나라(일본)와의 관계에서 중요한 여러 국가들의 지리에 대해 간단한 지식을 가르치도록 한다.<br>- 지리를 가르칠 때는 될 수 있는 한 실제 지세의 관찰에 기초하며, 또한 지구본, 지도, 표본, 사진 등을 제시하여 확실한 지식을 가지도록 한다. 특히 역사 및 이과의 교수사항과 서로 연계할 수 있도록 한다. |

| | | |
|---|---|---|
| 3<br>차<br>교<br>육<br>령<br>(1938.<br>3. 3) | 소학교규<br>정<br>21조<br>조선총독<br>부령<br>제24호<br>(동년<br>3. 15) | - 지리는 자연 및 인류생활의 정태에 대해서 개략적으로 가르쳐서 <u>우리 국세의 대요와 여러 외국의 상태 일반을 알게 하야 우리나라의 지위를 이해시킨다. 이를 통해서 애국심을 양성하고 국민의 진위발전의 지조와 기상을 기르는 데에도 기여하도록 한다.</u><br>- 심상소학교에서는 향토의 실세로부터 시작하여 우리나라의 지세, 기후, 구획, 도회, 산물, 교통 등과 함께 지구의 형상, 운동 등의 대요를 가르친다. 또한 만주 및 중국 지리의 대요를 알게 하며, 동시에 우리나라와 밀접한 관계를 유지하는 여러 외국에 관한 간단한 지식을 가르치고 이를 우리나라(일본)와 비교하도록 한다.<br>- 고등소학교에서는 각 대주(大洲)의 지세, 기후, 구획, 교통 등의 개략에서 나아가 우리나라와 밀접한 관계를 가지는 여러 외국의 지리 대요 및 우리나라의 정치 경제적인 상태, 그리고 외국에 대한 지위 등의 대요를 알게 한다. 또한 지리학 일반에 대해서도 가르쳐야 한다.<br>- 지리를 가르칠 때는 항상 교재의 이동에 유의하여 적절한 지식을 제공하고, <u>또한 재외 거주 동포들의 활동상황을 알게 해서 해외발전을 위한 정신을 양성하도록 해야 한다.</u><br>- 지리를 가르칠 때는 될 수 있는 대로 실지의 관찰에 기초하며, 또한 지구의, 지도, 표본, 사진 등을 제시하여 확실한 지식을 가지도록 한다. 특히 역사 및 이과의 교구사항과 서로 연계할 수 있도록 한다. |
| 국<br>민<br>학<br>교<br>령<br>(1941.<br>3)과<br>4<br>차<br>교<br>육<br>령<br>(1943.<br>3. 8) | 국민학교<br>규정 7조<br>조선총독<br>부령<br>제90호 | - <u>국민과의 지리는 우리국토, 국세 및 여러 외국의 정세에 대해 이해시키도록 하며, 국토애호의 정신을 기르고 동아시아 및 세계 속에서 황국의 사명을 자각시키는 것으로 한다.</u><br>- 초등과는 생활환경에 대한 지리적 관찰에서 시작하여 <u>우리 국토 및 동아시아를 중심으로 하는 지리대요를 가르치며, 우리 국토를 올바르게 인식시키고 다시 세계지리 및 우리 국세의 대요를 가르쳐야 한다.</u><br>- 자연과 생활과의 관계를 구체적으로 고찰하도록 하며, 특히 <u>우리 국민생활의 특질을 분명하게 밝히도록 한다.</u><br>- <u>대륙전진기지로서 조선의 지위와 사명을 확인시켜야 한다.</u><br>- <u>재외국민의 활동상황을 알도록 해서 세계웅비의 정신을 함양하는데 힘써야 한다.</u><br>- 간이한 지형도, 모형 제작 등 적당한 지리적 작업을 부과해야 한다.<br>- 지도, 모형, 도표, 표본, 사진, 회화, 영화 등은 힘써 이를 이 |

| | | 용하여 구체적, 직관적으로 습득할 수 있도록 해야 한다.<br>- 항상 독도력의 향상에 힘써 소풍, 여행 기타 적당한 기회에<br>이에 대한 실지 지도를 해야 한다. |
|---|---|---|

위의 교육령 시기별 <地理>과 교수요지의 중점사항을 살펴보면, <2차 교육령> 시기는 지리교육 본연의 목적인 "지구의 표면 및 인류생활의 상태에 관한 지식 일반"과 함께 "국세의 대요 이해"와 "애국심 앙양"에, <3차 교육령> 시기에는 이에 더하여 "국민의 진위발전의 지조와 기상 육성", "해외발전을 위한 정신양성"에 중점을 두었다. 그리고 <태평양전쟁>을 앞두고 전시체제를 정비하기 위해 <국민학교령>을 공포 이후부터는 '修身', '國語', '歷史'과목과 함께 「國民科」에 포함되어 "국토애호정신의 함양", "황국의 사명 자각, 즉 대륙전진기지로서 조선의 지위와 사명의 확인"이라는 사항이 추가로 부과되어 <4차 교육령> 시기까지 이어진다. 식민지 <地理>교육은 각 시기별 교육법령 하에서 이러한 중점사항을 중심으로 전개되었다.

## 2) 일제강점기 <地理>교과서와 교수시수

식민지 초등학교에서의 본격적인 <地理>교육은 1920년대부터 시행되었으며, 처음 교과서로는 일본 문부성에서 발간한 『尋常小學地理』와 조선의 실정을 감안한 2권의 보충교재, 즉 문부성 편찬의 『尋常小學地理』卷一·卷二에 조선지리 부분은 ①『尋常小學地理補充教材』(1920)와 ②『普通學校地理補充教材』(1923)가 사용되었다. 이후 근로애호, 흥업치산의 정신이 강조되면서 1927년 <보통학교규

정>이 개정되고, 아울러 식민지 조선의 실정에 입각한 보통학교용 지리교과서 개발의 필요성이 제기됨에 따라 새롭게 편찬된 교과서가 ③『初等地理書』卷一·卷二(1932~33)이다.

『初等地理書』卷一·卷二는 당시 학문으로서의 과학성보다는 교양으로서 실용성을 우위에 두었던 일본 지리교육계의 보편적 현상에 따라 일차적으로 지방을 구분하고 자연 및 인문의 항목 순으로 기술하는 정태(情態)적 구성방식을 취하였고, 내용면에서는 당시의 식민지 교육목적을 반영하였다. 이후 식민지기 조선에서 사용된 초등학교 <地理>교과서는 시세에 따른 교육법령과 이의 시행규칙에 의하여 위와 같이 부분 혹은 대폭 개정되게 된다. 다음은 일제강점기 <地理>교과서 발간사항이다.

<표 2> 일제강점기 조선총독부 <地理>교과서 편찬 사항

| No | 교 과 서 명 | 발행년도 | 분량 | 가격 | 사용시기 | 비 고 |
|---|---|---|---|---|---|---|
| ① | 尋常小學地理補充敎材 | 1920 | 44 | 10錢 | 1920~1922 | 일본문부성편찬『尋常小學地理』上·下를 주로하고 조선 관련사항을 보충교재로 사용함. |
| ② | 普通學校地理補充敎材 全 | 1923 | 32 | 10錢 | 1923~1931 | |
| ③ | 初等地理書 卷一 | 1932 | 134 | 18錢 | 1931~1936 | 조선총독부발간 초판 지리교과서임.(2차 교육령의 보통학교규정 반영) |
| | 初等地理書 卷二 | 1933 | 190 | 20錢 | | |
| ④ | 初等地理 卷一 | 1937 | 143 | 17錢 | 1937~1939 | 부분개정 |
| | 初等地理 卷二 | 1937 | 196 | 19錢 | | |
| ⑤ | 初等地理 卷一 | 1940 | 151 | 19錢 | 1940~1942 | 〃 (3차 교육령 반영) |
| | 初等地理 卷二 | 1941 | 219 | 24錢 | | |
| ⑥ | 初等地理 卷一 | 1942 | 151 | 24錢 | 1942~1943 | 〃 (국민학교령 반영) |
| | 初等地理 卷二 | 1943 | 152 | 24錢 | | |
| ⑦ | 初等地理 第五學年 | 1944 | 158 | 29錢 | 1944~1945 | 전면개편 (4차 교육령 반영) |
| | 初等地理 第六學年 | 1944 | 159 | 28錢 | | |

1931년 9월 <만주사변>을 일으킨 일제는 이듬해인 1932년 만주

국을 건설하고 급기야 중국본토를 정복할 목적으로 1937년 7월 <중일전쟁>을 개시하였다. 그리고 조선과 조선인의 전시동원을 목적으로 육군대장 출신 미나미 지로(南次郎)를 제7대 조선총독으로 임명하여 강력한 황민화정책을 시행코자 하였으며, 이의 법적장치로 '국체명징(國體明徵)', '내선일체', '인고단련(忍苦鍛鍊)' 등을 3대 강령으로 하는 <3차 교육령>을 공포(1938)하기에 이른다. 개정된 교육령에서 이전에 비해 눈에 띠게 변화된 점은 단연 교육기관 명칭의 개칭과 교과목의 편제이다. 기존의 '보통학교(普通學校)'를 '소학교(小學校)'로, '고등보통학교'를 '중학교(中學校)'로, '여자고등보통학교'를 '고등여학교(高等女學校)'로 개칭하였음이 그것이며, 교과목의 편제에 있어서도 '조선어'는 수의과목(선택과목)으로, '國語(일본어)', '國史(일본사)', '修身', '體育' 등의 과목은 한층 강화하였다.

이러한 취지는 ⑤『初等地理』卷一·二(1940~41)에 그대로 반영되었다. 『初等地理』卷一·二(1940~41)의 변화사항은 구성과 내용 공히 시세에 따른 변화된 사항이 상당부분 반영되었다. 구성면에서는 국내지리는 종전의 방식을 이어간 반면 특히 세계지리의 구성이 대폭 조정되었으며, 내용면에서는 당시의 지리교육목적인 '대륙전진 기지로서의 조선의 지위와 사명을 자각시키는 것'에 중점을 둔 기술방식으로의 전환이 특징적이다.

<중일전쟁>이 갈수록 확장되고, 유럽에서는 독일의 인근국가 침략으로 시작된 동구권의 전쟁에 영국과 프랑스가 개입하면서 <2차 세계대전>으로 확대되어갈 조짐이 보이자 일제는 급변하는 세계정세의 흐름에 대처하기 위한 식민지교육 방안으로 교육체제 전면개편을 결정하고, 이를 <國民學校令>(1941)으로 공포하였다. 이에 따라 기존의 '小學校'를 전쟁에 참여할 국민양성을 목적한 '國民學校'로

개칭하였고, 교과목 체제도 합본적 성격의 「國民科」, 「理數科」, 「體鍊科」, 「藝能科」, 「實業科」 등 5개과로 전면 개편되었다. <修身>, <國語>, <國史>와 함께 <地理>과목이 속해 있는 「國民科」의 경우 "교육칙어의 취지를 받들어 皇國의 道를 수련(修練)하게 하고 國體에 대한 信念을 깊게 함"(국민학교령시행규칙 제1조)은 물론 "國體의 精華를 분명히 하여 國民精神을 함양하고, 皇國의 使命을 자각하게 하는 것"(동 규칙 제2조)을 요지로 하고 있으며, 이의 수업목표는 동 규칙 제3조에 다음과 같이 제시하였다.

國民科는 我國의 도덕, 언어, 역사, 국사, 국토, 國勢 등을 습득하도록 하며, 특히 國體의 淨化를 明白하게 하고 國民精神을 涵養하여 皇國의 使命을 自覺하도록 하여 忠君愛國의 志氣를 養成하는 것을 요지로 한다. 皇國에 태어난 것을 기쁘게 느끼고 敬神, 奉公의 眞意를 체득시키도록 할 것. 我國의 歷史, 國土가 우수한 국민성을 육성시키는 理致임을 알게 하고 我國文化의 特質을 明白하게 하여 그것의 創造와 發展에 힘쓰는 정신을 양성할 것. 타 교과와 서로 연결하여 정치, 경제, 국방, 해양 등에 관한 사항의 敎授에 유의 할 것."[1]

이 시기 개정 발간된 ⑥『初等地理』卷一·二(1943-43)는 교과서의 전면 개편과정 중에 소폭 개정한 임시방편의 교과서로, 종전의 방식을 유지하는 가운데 이러한 취지와 국세의 변화사항을 반영하고 있어 과도기적 교과서라 할 수 있다.

<태평양전쟁>이 고조되고 전세가 점점 불리하게 전개됨에 따라 모든 교육제도와 교육과정의 전시체제 강화를 절감하고 <4차 조선교

---

[1] <國民學校規正> 제3조, 1941. 3. 31.

육령>을 공포하기에 이른다. 그 취지는 말할 것도 없이 '전시적응을
위한 국민연성(國民練成)'이었으며, 당시 총독 고이소 구니아키(小磯
國昭)가 밝혔듯이 "國家의 決戰體制下에서 특히 徵兵制 及 義務敎育
制度를 앞두고 劃期的인 刷新을 도모할 必要"2)에 의한 것이었다.

조선아동의 전시적응을 위해 전면 개편된 ⑦『初等地理』五·六學
年用(1944)의 획기적인 변화로 꼽을 수 있는 것은 첫째, 구성면에서
지리구를 도쿄(東京)를 출발하는 간선철도에 따른 대(帶) 즉, 존
(Zone)으로 구분한 점. 둘째, 내용기술면에서는 각각의 지역성과 지
방색에 따른 테마를 항목으로 선정하여 기술한 점. 셋째, 표기와 표
현 면에서는 대화와 동작을 유도하는 기술방식을 취한 점 등을 들
수 있겠다.

학습해야 할 분량과 가격의 변화도 간과할 수 없다. 먼저 분량을 살
펴보면, 1932~33년『初等地理書』가 324면(卷一134/卷二190)이었던
것이 1937년『初等地理』는 339면(143/196)으로, 1940년『初等地理』에
이르면 377면(158/219)으로 <3차 교육령>이 반영된 교과서까지는
개정 때마다 증가추세를 보여주고 있다. 이는 급변하는 세계정세에
따른 필수적 사항을 추가 반영하였던 까닭이다. 그러나 일정한 시수
에 비해 갈수록 증가하는 학습 분량은 교사나 아동에게 상당한 부담
이 되어 오히려 식민지 교육정책을 역행하는 결과를 초래하기까지
하였다. 더욱이 <國民學校令>(1941) 이후 시간당 수업시한이 40분으
로 감축3)된데다, 그나마 전시총동원 체제에 따른 물자부족이나 5, 6

---

2) 朝鮮總督府(1943)「官報」제4852호(1943.4.7)
3) <소학교령>시기까지 초등학교의 시간당 수업시한은 45분이었는데,
　 <國民學校令>시기에 이르러 40분으로 단축되었다. <地理>과목이 5,
　 6학년과정에 주당 2시간씩 배정되었음을 반영한다면, 주당 10분, 월
　 40~45분이 감소하며, 1년간 총 수업일수를 40주로 본다면 연간 400

학년 아동의 학습 외의 필수적 활동 등을 고려하여 학습 분량을 대폭 축소하지 않으면 안 될 상황이 되었다. 1942~43년 발간『初等地理』가 303면(151/152)으로 급격히 줄어든 까닭이 여기에 있다 하겠다.

교과서의 가격은 시기에 따라 소폭의 상승세로 나아가다가 1944년 발간된『初等地理』五·六學年用에서 교과서 분량에 비해 대폭 인상된 면을 드러낸다. 이는 태평양전쟁 막바지로 갈수록 심화되는 물자부족에 가장 큰 원인이 있었을 것으로 보인다.

이어서 주당 교수시수를 살펴보자.

<표 3> 각 교육령 시기별 주당 교수시수

| 시기<br>과목/학년 | 제2차<br>조선교육령 | | 제3차<br>조선교육령 | | <국민학교령> 과<br>제4차 조선교육령 | | | 비 고 |
|---|---|---|---|---|---|---|---|---|
| | 5학년 | 6학년 | 5학년 | 6학년 | 4학년 | 5학년 | 6학년 | |
| **地理** | 2 | 2 | 2 | 2 | 1 | 2 | 2 | |
| 歷史 | 2 | 2 | 2 | 2 | 1 | 2 | 2 | |

앞서 언급하였듯이 식민지초등교육과정에서 <地理>과목은 <歷史>과와 더불어 1920년대 이후 공히 2시간씩 배정 시행되었다. 여기서 <4차 교육령>시기 4학년 과정에 별도의 교과서도 없이 <地理>, <歷史> 공히 수업시수가 1시간씩 배정되어 있음을 주목할 필요가 있을 것이다. 이는 당시 조선총독 고이소 구니아키의 교육령 개정의 중점이 "人才의 國家的 急需에 응하기 위한 受業年限 단축"4)에 있었기 때문일 것이다. 그것이 <교육에 관한 전시비상조치령>(1943) 이후 각종 요강 및 규칙5)을 연달아 발포하여 초등학생의 결전태세를

분(약 10시간정도)이 감소한 셈이다.
4) 朝鮮總督府(1943)「官報」제4852호(1943.4.7)
5) <전시학도 체육훈련 실시요강>(1943.4), <학도전시동원체제확립요강>(1943.6),

강화하는 조치로 이어졌으며, 마침내 학교수업을 1년간 정지시키고 학도대에 편입시키기는 등의 현상으로도 나타났다. 4학년 과정에 <地理>과의 수업시수를 배정하여 필수적 사항만을 습득하게 한 것은 이러한 까닭으로 여겨진다.

## 3. 본서의 편제 및 특징

일제강점기 조선아동을 위한 <地理>교과목은 1920년대 초 학제 개편 이후부터 개설된 이래, <地理>교육을 위한 교과서는 앞서 <표 2>에서 살핀 바와 같이 시세에 따른 교육법령과 이의 시행규칙에 따라 '부분개정' 혹은 '전면개편'되었다. 앞의 <표 2>에 제시된 일제강점기 조선총독부 편찬 <地理>교과서 중 ③『初等地理書』卷一・二(1932~33, 2권), ⑤『初等地理』卷一・二(1940~41, 2권), ⑦『初等地理』第五・六學年(1944) 6冊에 대한 원문서 구축의 필연성이 요구되었다. 이는 여러 교과서중 가장 변화의 폭이 컸다는 점도 있었지만, 그보다는 ③은 조선아동의 본격적인 <地理>교육을 위한 처음 교과서로서 의미가 컸으며, ⑤는 중일전쟁기에 발호된 <3차 교육령>의 강력한 황민화정책이 그대로 반영되었기 때문이다. 그리고 ⑦은 태평양전쟁기에 발포된 <국민학교령>과 <4차교육령>에 의하여 전격 개편된 교과서였다는 점이 부각되었던 까닭이다.

___
<해군특별지원병령>(1943.7), <교육에 관한 전시비상조치방책>(1943.10), <학도군사교육요강 및 학도동원 비상조치요강>(1944.3), <학도동원체제정비에 관한 훈령>(1944.4), <학도동원본부규정>(1944.4), <학도근로령>(1944.8), <학도근로령시행규칙>(1944.10), <긴급학도근로동원방책요강>(1945.1), <학도군사교육강화요강>(1945.2), <결전비상조치요강에 근거한 학도동원실시요강>(1945.3), <결전교육조치요강>(1945.3) 등

<표 4> 조선총독부 편찬『初等學校 地理』의 편제

| No | 교과서명 | 권(학년) | 간행 | 출판서명 |
|---|---|---|---|---|
| ③ | 初等地理書 | 卷一 (5학년용) | 1932 | 조선총독부 편찬 初等學校『地理』교과서(上) |
| | | 卷二 (6학년용) | 1933 | |
| ⑤ | 初等地理 | 卷一 (5학년용) | 1940 | 조선총독부 편찬 初等學校『地理』교과서(中) |
| | | 卷二 (6학년용) | 1941 | |
| ⑦ | 初等地理 | 第五學年 (1944) | 1944 | 조선총독부 편찬 初等學校『地理』교과서(下) |
| | | 第六學年 (1944) | 1944 | |

끝으로 본서 발간의 의미와 특징을 간략하게 정리해 본다.

(1) 본서의 발간은 그동안 한국근대사 및 한국근대교육사에서 배제되어 온 일제강점기 초등학교 교과서 복원작업의 일환에서 진행된 또 하나의 성과이다.

(2) 일제강점기 식민지 아동용 <地理>교과서를 일일이 찾아내고 가장 큰 변화의 선상에 있는 <地理>교과서의 원문을 복원함으로써 일제에 의한 한국 <地理>교육의 실상을 누구나 쉽게 찾아볼 수 있게 하였다.

(3) 본서는 <地理>교과서의 특성상 삽화, 그래프, 사진 등등 각종 이미지자료의 복원에도 심혈을 기울였다. 오래되어 구분이 어려운 수많은 이미지자료를 세심히 관찰하여 최대한 알아보기 쉽게 복원하였을 뿐만 아니라, 세로쓰기인 원문을 좌로 90°로 회전한 가로쓰기 편제이므로 원문내용을 고려하여 최대한 삽화의 배치에도 심혈을 기울였다.

(4) 본서는 일제강점기 식민지 <地理>교과서의 흐름과 변용 과정을 파악함으로써, 일제에 의해 기획되고 추진되었던 근대 한국 공교육의 실태와 지배국 중심적 논리에 대한 실증적인 자료로

제시할 수 있다.

(5) 본서는 <地理>교과서에 수록된 내용을 통하여 한국 근대초기 교육의 실상은 물론, 단절과 왜곡을 거듭하였던 한국근대사의 일부를 재정립할 수 있는 계기를 마련하였고, 관련연구에 대한 이정표를 제시함으로써 다각적인 학제적 접근을 용이하게 하였다.

(6) 본서는 그간 한국사회가 지녀왔던 문화적 한계의 극복과, 나아가 한국학 연구의 지평을 넓히는데 일조할 것이며, 일제강점기 한국 초등교육의 거세된 정체성을 재건하는데 기여할 수 있을 것이다.

본서는 개화기 통감부기 일제강점기로 이어지는 한국역사의 흐름 속에서 한국 근대교육의 실체는 물론이려니와, 일제에 의해 왜곡된 갖가지 논리에 대응하는 실증적인 자료를 제공함으로써 일제강점기 왜곡된 교육의 실체를 파악할 수 있으며, 또한 관련연구자들에게는 연구의 기반을 구축하였다고 자부하는 바이다.

이로써 그간 단절과 왜곡을 거듭하였던 한국근대사의 일부를 복원·재정립할 수 있는 논증적 자료로서의 가치창출과, 일제에 의해 강제된 근내 안국 소등학교 <地理>교육에 대한 실성을 재조명할 수 있음은 물론, 한국학의 지평을 확장하는데 크게 기여할 수 있으리라고 본다.

2017년 2월

전남대학교 일어일문학과 김순전

≪朝鮮總督府編纂『初等地理書』(1944) 編書 凡例≫

1. 卷一은 5학년용, 卷二는 6학년용으로 한다.

2. 원본의 세로쓰기를 편의상 좌로 90도 회전하여 가로쓰기로 한다.

3. 원본의 상란은 좌란으로 한다.

4. 원본의 반복첨자 기호는 가로쓰기인 관계로 반복표기 한다.

5. 한자의 독음은 (    )안에 가나로 표기한다.

6. 삽화는 최대한 교과서 체제에 맞추었으나 편집상 약간의 크기

   변화가 있다.

7. 삽화제목은 가로쓰기에 맞추어 좌측읽기로 바꾸었다.

朝鮮總督府編纂 (1944)

# 『初等地理』

## (第五學年)

初等地理 第五學年

朝鮮總督府

# 目錄

# 一　日本(につぽん)の地圖(ちづ)

　日本の地圖をひらいて見ませう。

　まづ私たちの住んでゐるところが、どのへんにあるかをしらべませう。さうして、それが日本全體から見て、北の方にあるか、西の方にあるか、また眞中(まんなか)どころにあるかなどに注意しませう。さうすれば、しぜんと日本全體の形が、どんなふうになつてゐるかがはつきりして來るでせう。

　太平洋(たいへいやう)上、北東から南西へかけて長く連(つら)なつてゐる島々が日本列島(につぽんれつたう)で、その中には大きな島や、小さな島が並んでゐます。大きな島にはどんな島があるか、またそのうちでもいちばん大きな島は、どれであるかをしらべてみませう。いちばん大きな島は本州(ほんしう)で、それが日本列島のちやうど眞中になつてゐることに氣がつくでせう。本州の北には北海道(ほくかいだう)本島があるし、本州の西に四國(しこく)と九州(きうしう)とがあります。また、北海道本島から北東へ向かつて千島列島があるし、九州島と臺灣(たいわん)との間には琉球(りうきう)列島があります。

　北の千島列島、中央(ちゆうあう)の本州、南の琉球列島が、それぞれ太平洋へ向かつて弓なりに張り出してゐるぐあひは、日本列島全體をぐつと引きしめてゐるやうで、かうした形から、われわれは何かしら強い力がこもつてゐるやうに感じます。

　どうみても、日本列島はへいぼんな形ではありません。アジ

ヤ大陸の前面に立つて、太平洋へ向かつてををしく進むすがたか想像(さうざう)されるとともに、また太平洋に對して大陸を守る役目をしてゐるやうにも考へられます。

　次に、日本列島とアジヤ大陸との間にある海と、海峡(かいけふ)とをしらべませう。

　オホーツク海と日本海(につぽんかい)との境(さかひ)になつてゐる樺太(からふと)は、間宮(まみや)海峡をへだててシベリヤに近く、千島列島の北端(ほくたん)は、千島海峡によってカムチャッカ半島(はんたう)に向かひ合つてゐます。

　日本海と東支那海(ひがししなかい)との間にある朝鮮(てうせん)半島は、滿洲(まんしう)と地續(ぢつづ)きで、ちやうどわが本土(ほんど)と大陸との間にかけられた橋のやうに、昔からわが國と大陸とを結ぶ大切(たいせつ)な通路になつてゐます。隨(したが)つて、半島の南にある朝鮮海峡は、わが國と大陸とのれんらく上特に大切であります。

　朝鮮半島の西の黃海(くわうかい)に面した關東(くわんとう)州もまた、大陸への一つの入口であります。

　臺灣は、臺灣海峡をへだてて支那に近いところにあります。この海峡は、わが國から南洋(なんやう)やヨーロッパなどへ行く船の通る道として大切なところで、これをすぎると南支那海で、この海に新南群島(しんなんぐんたう)があります。

　これらの海や海峡は、日本列島中大きな島々の間にある海峡とともに、交通(かうつう)上また國防(こくばう)上、非常(ひじやう)に大切であることに注意しなければなりません。

　わが國土が大陸に近い位置(ゐち)にあるといふことは、わが國と

大陸とのいろいろな關係(くわんけい)を考へる上に、たいへん意味のあることであります。歴史が物語(ものがた)るやうに、古來(こらい)わが國は、交通や文化(ぶんくわ)の上に大陸と深い關係をもつてゐたし、また今後ますます國民が大陸の諸地方に發展(はつてん)するのに都合(つがふ)のよい立場(たちば)にあるのです。

もしわが國土が、遠くはなれたはなれ島であつたら、恐(おそ)らく大陸とかやうな深い關係は結ばれなかつたでせう。この古い緣故(えんこ)のある東亞(とうあ)の大陸は、今やわれわれの前に、新しい活動(くわつどう)の天地(てんち)として開けて來ました。

そこで次に、日本を中心とした廣い大東亞の地圖を、ひらいて見ませう。

日本列島の外側(そとがは)は、世界でいちばん大きな海の太平洋です。本州の中央から南の方へ、伊豆七島(いつしちたう)・小笠原群島(をがさはらぐんたう)が連なつてゐて、遠くわが南洋群島に續いてゐます。この群島は、無數の小島が小石をまきちらしたやうに、西太平洋上にちらばつてゐます。ごく小さな島々ではありますが、廣い海面にちらばつてゐるので、わが國の海のまもりから見て非常に大切なところであります。

わが南洋群島の西から南にかけて、赤道(せきだう)を中心に、ルソン・ミンダナオ・ボルネオ・スマトラ・ジャワ・セレベス・パプアなどをはじめ、大小さまざまの島の一群があります。みんな熱帶(ねつたい)の島で、ボルネオやパプアは、日本全體よりも大きな島です。

大東亞戰爭が起つて、これらの熱帶の島々の大部分は、インド支那半島のマライやビルマなどとともに、わが皇軍(くわうぐん)の占領

(せんりやう)するところとなりました。ビルマに續いてインドがあり、皇軍の活躍(くわつやく)は西へのびてインド洋に廣がり、南へくだつて濠洲(がうしう)に及(およ)んでゐます。

濠洲の東には、南太平洋の廣い海面にわたつて、たくさんの島々がちらばつてゐます。ニュージーランドのやうな大きな島もありますが、たいていは小さな島々で、ちやうど米國から濠洲にいたる道すぢに當つてゐます。赤道の北にハワイ諸島(しよたう)があり、それはほぼ太平洋の眞中どころで、交通上また軍事上すぐれた位置を占めてゐます。

太平洋を東に越えると、北アメリカと南アメリカの二大陸がたてに並んで、太平洋と大西洋とをへだててゐます。この二大洋をつなぐ通路として、パナマ運河(うんが)は非常に大切な役目をもつてゐます。

私たちは、日本を中心として、太平洋の諸地方をひととほり地圖によつて見渡しました。そのうちで、アメリカ大陸をのぞいた他の地方は、大體今日大東亞とよばれてゐる地域(ちゐき)のうちにはいるのです。

大東亞がどんなに廣いか、また日本から見てどんなぐあひにひろがつてゐるかをよく注意しませう。

さうして、もう一度わが國土のすがたを見つめませう。

神代(かみよ)の昔から、海の魂(たましひ)によつてはぐくまれ、また大陸に近く接して、そのあらゆる文化をとり入れて來たわが國は、海に陸にのびて行く使命(しめい)をはたすにふさはしい位置を占め、その形ものびのびと、四方に向かつて手足をのばして進むやうすをあらはしてゐます。

　かやうに位置といひ、形といひ、たぐひない國土に惠(めぐ)まれたわが日本は、まことに神の生み給(たま)うた國であることを、つくづくと感じるのであります。

　わが國の面積(めんせき)は約六十八萬平方キロで、そこに一億(おく)の人々が住んでゐます。面積にくらべて人口(じんこう)の多いこと、人口のふえるわりあひの大きいことは、世界でもまれであり、このことからもわれわれは、國の力のあふれてゐることがわかつて心強いかぎりです。

## 二 美しい國土(こくど)

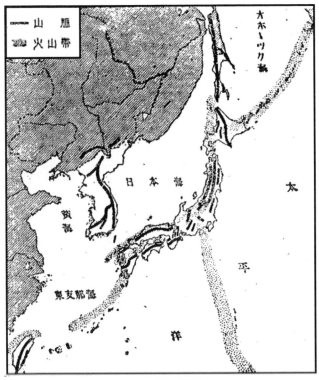

日本の山脈の略圖

わが國土の主なものは、日本列島(にっぽんれつたう)と朝鮮半島(てうせんはんたう)です。何れも長さは長いが幅(はば)が狹(せま)く、その上、せぼねのやうな山脈が通つてゐて、いっぱんに山地が發達してゐます。

　　日本列島では、本州の中央附近が幅がいちばん廣くなつてゐますが、ここには本州を走つてゐる多くの山脈が北からも南からも集つてゐるので、土地がたいへん高くなつてゐます。

金　剛　山

　　朝鮮半島では北部と東部とに高い山地がかたよつてゐます。

　　日本列島には、このせぼねのやうな山脈に沿うた火山帶(くわざんたい)があつて、北は千島から、南は臺灣まで續いてゐますが、また別に、本州の中央から伊豆七島(いづしちたう)・小笠原群島(をがさはらぐんたう)に續(つづ)く火山帶もあつて、火山がいたるところにそびえてゐます。

　　上がとがつて、ふもとになだらかなすそ野(の)を引く火山のすがたは、日本各地の景色(けしき)を美しく引き立ててゐます。富士は、その代表的(だいへうてき)な山であります。

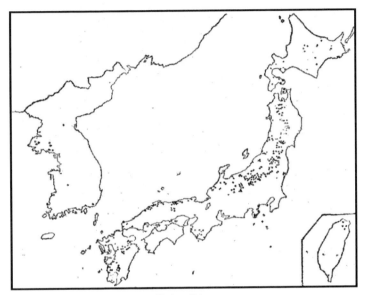

溫泉の分布

　また、火山の中には、絶(た)えず煙を吐(は)いてゐるものも少く
ありません。

　わが國は、世界でも有名(いうめい)な火山國で、火山にともなつ
て溫泉(おんせん)もたくさんありますし、また地震(ぢしん)も多い
國であります。

　わが國の主な川々は、せぼねの山脈を境(さかひ)にして、太平洋
(たいへいやう)・日本海(につぽんかい)・黄海(くわうかい)・東支
那海(ひがししなかい)などに注いでをります。

川

山地が多いので、どの川も大體流れが早く、川の上流(じやうりう)や中流(ちゆうりう)といへば、靑々(あをあを)と木の茂(しげ)つた谷合(たにあ)ひを、きれいな水が勢(いきほひ)よく流れてゐるのがふつうです。その谷合ひに、せまい平地や、やや廣い盆地(ぼんち)があります。

　川の下流(かりう)になると、兩側(りやうがは)に廣い平野(へいや)があります。廣いといつても、滿洲(まんしう)や支那(しな)などにあるやうな大きなものではありません。關東(くわんとう)平野・濃尾(のうび)平野・大阪(おほさか)平野・筑紫(つくし)平野・石狩(いしかり)平野及び朝鮮や臺灣の西部にある平野などは、何れもかなり廣い平野です。

　海岸に沿うた幅のせまい平野も各地に見られますが、山が海にせまつて、小船を寄せる平地のない海岸もたくさんあります。海にのぞんで切り立つた岩山のすそに小島のちらばつてゐるのと、松林の續く砂濱(すなはま)に波のくだけるのは、日本の海岸風景(ふうけい)の特色(とくしよく)といつてよいでせう。

海　岸

　海岸線の出入(しゆつにふ)と島の多いことは、世界でも有名で、中でも北九州・瀬戸内海沿岸(せとないかいえんがん)及び朝鮮の南西部の海岸などは、島や灣のいちばん多いところです。また、近海(きんかい)の深さにも著しい特色があつて、太平洋側(がは)は非常に深いのですが、内側の日本海や黄海・東支那海などはいつぱんに淺海(せんかい)です。

　このやうに、わが國土は、その形がたいへん變化(へんくわ)に富(と)み、また景色が美しいので、外國人が我が國に來ると、日本(につぽん)はまるで公園(こうゑん)のやうだといつて感心(かんしん)します。

　この美しいわが國土は、大部分を海流(かいりう)にとりかこまれてゐます。太平洋側には南から北へ向かふ暖流(だんりう)の黒潮(くろしほ)があり、また、北から南へ向かふ寒流(かんりう)の親潮(おやしほ)もあります。日本海側には對馬(つしま)海流や北朝鮮海流があつて、それぞれ、內地や朝鮮の沿岸を洗つてゐます。こんなに多くの色々な海流でかこまれてゐるのも世界に例のないわが國土の特色で、これが氣候(きこう)や產業などに及ぼす影響(えいきやう)は大きいものです。

　わが國は、南北の長さが五千キロもあり、且つ地形はふくざつで、その上、大陸や海洋の影響も大きいので、氣候は變化に富み、またところによつてかなりのちがひがありますが、大部分が溫帶(をんたい)に屬(ぞく)し、且つ周圍(しうゐ)に海をめぐらしてゐるので、だいたい溫和(をんわ)です。

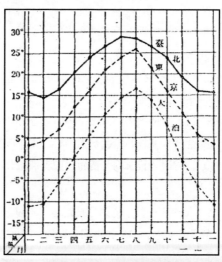

東京・臺北・大泊の氣溫表

　北海道・樺太及び北部朝鮮などは、冬の寒さがかなりひどく、また臺灣や南洋群島などは、年中溫度が高いのですが、その他の地方は暑さ寒さもさほどではなく、殊にわが國の中心地帶である本州・四國・九州などは、いちばんめぐまれてゐます。

　しかし、わが國は、太平洋と大陸との中間にあつて、夏は南東の季節風(きせつふう)、冬は北西の季節風が吹きつけるので、夏と冬の溫度にはかなりのひらきがありますし、また雨の多い季節と少い季節とにわかれてゐます。

除雪車の活動

　本州の日本海沿岸の冬は、海の方から吹きつける北西季節風のために盛んに雪が降り、野も山も深い雪におほはれて、交通にもたいへんなんぎをするところがあります。この點、太平洋沿岸とは著しいちがひですが、これは主に、太平洋側と日本海側とを分けるせぼねの山脈が、北西風の運ぶ濕氣(しつき)をさへぎる役目をしてゐるからです。本州・四國・九州の南部や朝鮮地方などが、夏特に雨が多いのは、南東季節風が海上から濕氣を吹き送るためです。

　山にかこまれた瀬戸內海の沿岸は、北の中國(ちゆうごく)山脈、南の四國山脈によつて、日本海や太平洋の方から來る濕氣がさへぎられるので、雨が少く晴天(せいてん)の日が續きます。

　このやうに、氣候はところによつて、それぞれ特色がありますが、だいたいに人々の活動(くわつどう)に都合(つがふ)のよい氣候です。

　このやさしい氣候は、美しい地形(ちけい)やすぐれた位置と相まつて、まつたく母のやうな愛をもつて國民をいだいてくれてゐます。もつとも、時には火山が爆發(ばくはつ)したり、地震があつたり、また旱魃(かんばつ)や洪水(こうずゐ)、二百十日頃の颱風(たいふう)などもありますが、これらは國民に對するよい刺戟(しげき)になり、國民に緊張(きんちやう)の感をあたへるもので、いはば、やさしい母の愛におぼれようとする時に加へられる父のきびしい戒(いまし)めです。

　我が國民は、この國土の愛と戒めとの中で、三千年間の生活を續けて來ました。そして、この國民をはぐくんでくれた美しい國土に對して、限(かぎ)りない感謝(かんしや)の念(ねん)を捧(ささ)げて來たのです。我が國のことを、浦安(うらやす)の國といつたり、大和(やまと)の國といつたりするのは、この一つの現れでせう。

## 三　帝都東京(ていととうきやう)

　本州が北東から南西へまがりながら、太平洋へむかつていちばん突(つ)きでてゐるところ、日本列島全體(ぜんたい)から見てちやうど眞中(まんなか)にあたるところに、帝都東京があります。

　地圖をひろげて、よくごらんなさい。

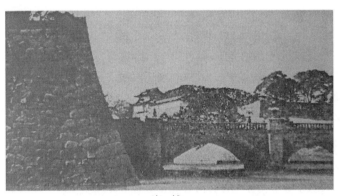

宮　城

　東京は、日本全體の先頭(せんとう)に立つて、雄々(をを)しく太平洋へのり出さうとしてゐる様に見えるではありませんか。すなはち、東京はわが國をひきゐるのに、いちばんよいところにあるといふことができます。

　また、東京は、前には波の靜かな東京灣があり、うしろには、わが國でいちばん廣い關東(くわんとう)平野を控(ひか)へてゐるので、海・陸の交通にもたいへん便利(べんり)です。

　關東平野は、北と西とに山を負(お)うて、南と東とは海に面してゐます。この北から西へ續いてそびえてゐる高い山々は、冬、日本海方面から來る濕氣(しつき)をさへぎる役目をしてゐます。

それで山地の北側(がは)は、冬中雪が深く積つてゐるのに、せなか合はせの關東平野は、雪もまれです。東京から上越(じやうえつ)線で新潟(にひがた)方面へ、冬、旅行する人は、淸水(しみづ)トンネルあたりを境(さかひ)に、南と北の氣候(きこう)がすつかりちがつてゐるのでびつくりします。その上、南と東の海には、岸近くを黑潮(くろしほ)が流れてゐるので、この平野の氣候をいつそう暖かにします。

相模(さがみ)灣や房總(ばうそう)半島などの海岸地方には、冬でも戸外(とぐわい)に美しく咲いてゐる草花を見ることができます。また、附近には休養保健(きうやうほけん)のために人々が集つてくるので發達した町も少くありません。しかし、山地を越(こ)して來る冬の北西風は、平野の方へ强く吹きおろして來ます。これが有名な關東の空風(からつかぜ)です。

冬は天氣がよく、夏は南東風が濕氣を運(はこ)んで雨が多いので、關東平野は、農業が盛んであり、交通の便利なことと相まつて、いろいろな産業が發達してゐます。榮(さか)えゆく帝都のまはりに、かうした廣い平野をひかへてゐることは、まことに意味のあることです。

東京を中心として、鐵道や電車が平野の四方へのび、またそれらの線をれんらくする線があつて、ちやうどくもの巢(す)を張(は)りめぐらしたやうになつてゐますが、これをみても、東京とこの平野とが、どんなに深い關係(くわんけい)にあるかがわかるでせう。

東京は、このやうにすぐれた位置(ゐち)を占め、このやうに地形や氣候にもめぐまれてゐるのです。明治のはじめに、都(みやこ)が

京都から東京へうつされたのもまことにわけのあることです。その後、東京はわが國力と共にぐんぐん發展して、今では人口七百萬を超(こ)え、わが帝國の首都(しゆと)として、また大東亞否(いな)世界の中心として、現在のやうに、立派(りつぱ)な姿をそなへて來たのです。

　**東京とその附近**　東京の主要部は、東京灣に注(そそ)ぐ荒(あら)川下流の低地から、武藏野(むさしの)の臺地(だいち)の上にわたつてひろがつてゐますから、低地にある下町(したまち)と、臺地にある山手(やまのて)とに大別されます。

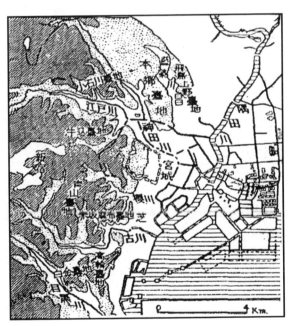

東京主要部の地形

　宮城(きゆうじやう)は、まちの中心にあります。近くの九段(くだん)坂の上には、靖國(やすくに)神社があり、また明治神宮はずつと西の方にあります。その木立(こだち)深い神域(しんゐき)は市内とは思へないほどの靜けさです。宮城の附近には、議事堂(ぎじだう)や官廳(くわんちやう)や、東京驛(えき)その他銀行(ぎんかう)・會社(くわいしや)などの大きな建物が集つてゐます。その東側にある下町はにぎやかな商店街(しやうてんがい)であり、山手方面は主に住宅地(ぢゆうたくち)となつて發達してゐます。荒川の下流を隅田(すみだ)川といひ、その沿岸から東京灣に沿ふ埋立(うめたて)地にかけては、大きな工場や倉(さう)庫の立ち並んだ工業地帶(こうげふちたい)があります。この地帶は、さらに南へのびて川崎(かはさき)・横濱に續き、京濱(けいひん)工業地帶をなしてゐます。

明治神宮

　煙突(えんとつ)の煙、機械の響(ひびき)の絶(た)えないこの京濱工業地帶こそは、わが國工業の一大中心であり、その發展(はつてん)はまことに目ざましいものがあります。この工業の發展に應(おう)じて、東京港は港の設備(せつび)をととのへ、横濱港とともに京濱港の一部として、貿易(ぼうえき)のために新しく開かれることになりました。東京港と横濱港とをれんらくする京濱運河(うんが)もやがて開通するでありませう。隅田川を中心とする下町方面には、川や堀や運河がいたるところにあつて、荷物を運ぶのに便してゐます。

東京の市街

　東京にはあらゆる學校があり、また大きな博物館(はくぶつくわん)や圖書(としよ)館があり、わが國學問の中心地として、圖書の出版(しゆつぱん)の盛んなこともわが國第一であります。

　東京はもと江戸(えど)といひ、德川氏(とくがはうぢ)の幕府があつて、繁昌(はんじやう)したところですから、そのころからすでに陸上の交通も發達し、主な街道(かいだう)が四方へ通じてゐました。今日では、東海道(とうかいだう)本線を始め、中央本線・東北(とうほく)本線・常磐(じやうばん)線など、わが國の主な鐵道の起點(きてん)となつてゐます。その上、郊外(かうぐわい)へ出る電車の便利がよく、隨つて附近の町々は、東京と切つても切れない關係をもつて、どしどし發達して行くのです。

　東京はまた、わが國の航空路(かうくうろ)の中心であり、多摩(たま)川の川口(かはぐち)にある羽田(はねだ)の飛行場を起點として、満洲(まんしう)や支那(しな)や南方の諸地方へ、定期(ていき)航空路が開かれてゐます。

　橫濱は、神戸(かうべ)・大阪(おほさか)とともにわが國三大貿易港の一つで、港の設備がよくととのひ、太平洋やインド洋を往來する大きな汽船が、自由に出入してゐます。東京に近く、その間の交通が便利ですから、いはば、東京の港として利用(りよう)されたことが、この港の大きく發展するもとゐとなつたのです。明治時代になる少し前、外國貿易のために開港(かいかう)されるまでは、ほんのさびしい漁村(ぎよそん)であつたのが、今では人口約百萬の大都市となりました。

　橫濱には水上(すゐじやう)飛行場があつて、わが南洋群島(なんやうぐんたう)その他へ航空路が通じてゐます。

　東京と橫濱との間は、ほとんど町續きとなつてゐますが、東京から東の方、千葉(ちば)附近にかけての東京灣岸も、交通が便利となるにつれて、都市が發達し、近時工業が興つてゐます。

横 濱 港

　東京の西、中央本線に沿ふ淺川(あさかは)には、大正天皇の御陵(ごりよう)があります。

　三浦(みうら)半島の東岸にある横須賀(よこすか)は、名高い軍港(ぐんかう)です。東京灣の人口を扼(やく)して、東京の防備(ばうび)上、大切な位置を占め、東京との交通もまたたいそう便利であります。相模(さがみ)灣岸の鎌倉(かまくら)は、要害(えうがい)の地で、七百五十年の昔、鎌倉幕府が開かれたところで、名高い神社や寺院があります。

　**関東平野と利根川(とねがは)**　關東平野は、わが國第一の大平野であります。しかし、どこよでも水田が續くといつた風にごく下らではありません。ゆるやかに起伏(きふく)する臺地がいたるところにあつて、その間を流れる川のへりに、水田が發達してゐます。荒川をこえて、東の方利根川の沿岸になると、だんだん低地がひろくなり、臺地はきれぎれになります。低地には水田が發達し、臺地には畠がつづきます。關東平野が、わが國でいちばん多く麥を產するのも、かうした廣い平野があるからで、またさつまいもが多くと

れるのも、そのためです。西の方、山のふもとに近づくにつれて桑(くは)畠が多くなり、見渡すかぎりそれが續きます。關東平野の西部から北西部にかけての山麓地帶(さんろくちたい)では、いたるところ養蠶業(やうさんげふ)が行はれ、隨つて製絲(せいし)業・絹織物(きぬおりもの)業も盛んです。

また平野の北東部と南西部には、たばこの栽培(さいばい)が行はれ、わが國でも主(おも)な葉たばこの産地となつてゐます。

平野が廣いだけに、米もたくさん取れます。しかし、東京・横濱のやうな大都市をはじめ、平野の各地に都市があつて、わが國でもいちばん人口(じんこう)の密(みつ)なところですから、この地方の米だけでは足りません。隨つて東京には、他の地方からたくさんの米が集ります。

利根川は、關東平野の眞中をななめに横ぎつて流れ、太平洋に注ぐ大きな川です。長さでは、內地にも朝鮮にも、もつと長い川がありますが、多くの支流(しりう)を集めて、廣い平野をゆつたりと流れてゐるこの川には、大河(たいが)のおもむきがそなはつてゐます。この川の源は、關東平野の北にそびえてゐる山地の奥(おく)深い谷に發してゐます。

この上流の谷々をさかのぼり、やがて山を越えるいくつもの峠(たうげ)道では、碓氷(うすひ)峠とか清水(しみづ)峠とか、昔から有名なものがあります。急(きふ)な坂を登るのですから、そこに通じてゐる鐵道にはたくさんのトンネルがあり、中でも上越線の清水トンネルは、長いことにおいて、わが國第一であります。また信越(しんゑつ)本線が碓氷(うすひ)峠を越えるところには、アプト式といつて線路に齒止(はど)めが仕組(しく)んであります。

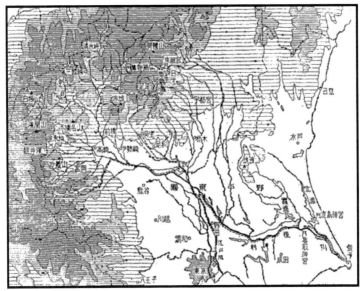

利　根　川

　利根川上流の山地には、邦須火山帶(なすくわざんたい)が通つて
ゐますから、たくさんの火山があり、溫泉が各地にわき出てゐま
す。淺間山はたびたび爆發(ばくはつ)をするので、火山としても有
名です。また、伊香保(いかほ)・塩原(しほばら)などはよく知られ
た溫泉です。

　男體(なんたい)山のふもとにある日光(につくわう)には、華嚴瀧
(けこんのたき)や中禪寺湖(ちゆうせんじこ)があつて、景色(けしき)
がよく、その上、東照宮(とうせうぐう)の美しい社殿(しやてん)が
あつて世界に有名です。近くの足尾(あしを)には大きな鑛山(くわう
ざん)があり、銅(どう)の製錬(せいれん)が盛んに行はれてゐます。

華 嚴 瀧

　利根川の上流は、本流も支流も、岩にくだけうづを巻く急流ですから、最もよく水力發電(すゐりよくはつでん)に利用され、その電氣は主に東京へ送られます。この川が平野へ出ると急に水勢(すゐせい)がゆるやかになり、廣い河原(かはら)を作つて、田や畠の間をゆつくりと流れます。

　下流へ行くにつれて、川幅は廣くなり、水量(すゐりやう)は豊(ゆた)かになつて、霞浦(かすみがうら)その他の湖沼と水路が續き、大小の運河がまた沿岸の低地を網(あみ)の目のやうにぬつて、そのへん一帶どこを見ても水ばかりになります。いたるところ船の利用されるこのあたりでは、船が車や馬の役をしてゐるわけです。

利根川の下流

　霞浦は、平野にある大きな湖ですが、平野の中の大きな湖は、わが國にはごくまれで、霞浦は、いかにも利根川にふさはしい湖です。

　利根川の下流には、武勇(ぶゆう)の神として、有名な鹿島(かしま)神宮・香取(かとり)神宮のおごそかな社殿があつて國民に深く敬(うやま)はれてゐます。

## 四 東京(とうきやう)から神戸(かうべ)まで

　東京から神戸へ行く東海道(とうかいだう)本線は、わが國鐵道の幹(かん)線中でも特に多く利用(りよう)され、いはば幹線の代表(だいへう)とも見られます。沿線(えんせん)はいたるところ産業(さんげふ)が盛(さか)んで、大きな都市が發達し、人口(じんこう)もわが國でいちばん密度(みつど)の高いところです。東海道本線を走る汽車の窓から、移り行く景色を眺めて、その美しさを樂しむとともに、なほ産業・交通(かうつう)・都市などのやうすについても、いろいろ學(まな)ぶことができるのです。

富 士

　**靈峰富士(れいほうふじ)**　東海道本線によつて東京から神戸へ行く途中で、たれでもいちばん心を引かれるのは富士山でせう。富士山はずゐぶん遠くから見える山であり、見る場所によつてそれぞ

れのおもむきがありますが駿河(するが)灣の沿岸では、すそ野から頂上(ちやうじやう)までの全體のすがたを、近く仰(あふ)ぎ見ることができます。私たちは富士山を仰いで、ただ美しい山だと感じるだけではなく、何ともいへない氣(け)高さをおぼえます。富士は昔から靈峰と呼ばれてきてゐるのですが、われわれ、日本人の氣もちを最(もつと)もよくあらはしてゐると思ひます。

箱　根

　富士に近い箱根も有名(いうめい)な火山(くわざん)で、ともに富士火山帶に當つてゐます。箱根には火山にともなふいろいろな地形(ちけい)が見られ、美しい景色に變化(へんくわ)を與へてゐます。

　箱根の山地は、南へのびて伊豆(いづ)半島にはいつてゐますから、この半島には各地に火山や温泉がたくさんあります。すべてこれらは、富士火山帶の通つてゐるとろこです。

　富士火山帶はさらに南へのびて、伊豆七島や、父島(ちちじま)・母島(ははじま)などのある小笠原(をがさはら)群島を經て、わが南洋群島へ續いてゐます。

　伊豆七島・小笠原群島は、いづれも東京都(とうきやうと)に屬(ぞく)してゐますが、わが本土(ほんど)から南の方太平洋上に長く連(つら)なる島々で、軍事上きはめて大切なところです。また本土と南洋(なんやう)群島とをれんらくする交通からいつても、だいじなところで、父島の二見港(ふたみかう)は、この方面でいちばんよい港です。

みかん山

　伊豆半島の北部から濱名湖(はまなこ)附近に至る間は、みかんや茶の栽培がたいそう盛んで、靜岡(しづをか)縣は、これらの主な產地です。

　駿河灣の沿岸から名古屋に至る間には、沼津(ぬまづ)・清水(しみづ)・靜岡・濱松(はままつ)・豊橋(とよはし)・岡崎(をかざき)などのおもだつた都市があり、それらの都市及び附近には、いろいろな工業が興(おこ)つて、ずゐぶん活氣(くわつき)を示(しめ)してゐます。この地方は、東の京濱(けいひん)と、西の名古屋との二大工業地のちやうど中間(ちゆうかん)に當り、しかも交通の便利(べんり)なところで、いはば兩方(りやうはう)の工業地からさしのべられた手が、このへんでつなぎ合はされてゐるといつた感があります。

茶畑の分布

**濃尾(のうび)平野と伊勢海(いせかい)**　名古屋の附近に開けてゐ
る廣い平野が濃尾平野で、三面は山地にかこまれ、南の方は伊勢海
に面してゐます。この平野は伊勢海の西岸にある伊勢平野に續いて
ゐます。

濃尾平野とその附近は、古來東海道をはじめ多くの街道(かいだ
う)が通じ、今も東海道本線・中央(ちゆうあう)本線・關西(くわん
さい)本線などの主な鐵道が集つて、交通上大切なところです。ま
た氣候がよく、土地も肥えてゐるので農業が發達し、關東平野ほど
大きくはありませんが大切な平野です。關東平野が東京を發達させ
たやうに、この平野は名古屋といふ大きな都市を生んだといへるで
せう。名古屋がもと城下町(じやうかまち)として發達したところで
あることもまた東京と同じです。

名古屋は今や人口百三十萬、東京・大阪に次ぐわが國第三の大都
市で、近年の發展ぶりは、實にすばらしいものがあります。殊に、
いろいろな工業が盛んで、機械器具工業・化學(くわがく)工業・陶
器(たうき)製造・紡織(ばうしよく)工業などが行はれ、わが國の一
大工業地帶をなしてゐます。市の南部には草薙(くさなぎ)の劔(つる
ぎ)をおまつりした熱田(あつた)神宮があります。瀬戸(せと)は陶器
(たうき)の產地として有名です。

伊勢平野でも、四日市(よつかいち)・津(つ)・松坂(まつざか)な
どを中心に、近年工業が發達し、濃尾平野の工業の延長(えんちや
う)と見ることができます。四日市港は名古屋港とともに、後(うし
ろ)にひかへた大工業地帶の製品を輸出(ゆしゆつ)し、その原料(げ
んれう)を輸入してゐます。

皇 大 神 宮

　伊勢平野の南にある宇治山田(うぢやまだ)は、神宮のおはします
ところで、四時(しじ)參拜者が絶(た)えません。老樹(らうじゆ)高
く茂る神路山(かみぢやま)のふもと、水とこしへにすむ五十鈴(いす
ず)川のほとりにある神域(しんゐき)の神々(かうがう)しさは、筆に
もことばにもつくされません。全國津々浦々(つつうらうら)から集
る參宮(さんぐう)の人たちで昔から伊勢路(ぢ)はにぎはつたもので
すが、今では鐵道の便がたいそうよくなつてゐます。

　名古屋から東海道本線に沿つてすすむと、一宮(いちのみや)・岐
阜(ぎふ)・大垣(おほがき)などの工業のさかんな都市を經て、北陸
(ほくりく)本線の分岐點(ぶんきてん)米原(まいはら)に達します。
汽車はここからだいたい琵琶湖(びはこ)の岸をつたつて、大津(おほ
つ)を過ぎ京都へ向かひます。琵琶湖は、わが國でいちばん大きな
湖で、魚類の養殖(やうしよく)や漁業が行はれてゐるほか、交通に

もたいへん役立(やくだ)つてゐます。大津は湖上交通の中心地で、また市の內外には人造絹絲(じんざうけんし)の大工場があり、わが國でもその主な產地となつてゐます。

**京都と奈良(なら)**　京都と奈良は、ともにかつて帝都であつたところで、それぞれ京都盆地及び奈良盆地の北部にあり、隣(とな)りの大阪(おほさか)平野とともに早く開けたところです。それで人口もたいそう密(みつ)で、交通機關もよくととのひ、この三地方の往來は非常に便利です。

京都は一千餘年の久しい間帝都として榮(さか)えたところですから、いたるところに名所・舊蹟(きうせき)があつて、市全體が歷史的(れきしてき)記念物(きねんぶつ)ともいへるほどです。しかも交通の一大中心地で、近代都市としての發展も見るべきものがあり、今や人口は百十萬をかぞへ、わが國屈指(くつし)の大都市であります。町すぢが、ごばんの目のやうにきちんと東西・南北に通つてゐるのは、都がつくられた時からの形が殘つてゐるからです。賀茂(かも)川は市中を北から南へ流れてゐます。

市內には京都御所(ごしよ)を始め、平安(へいあん)神宮、上下(かみしも)の賀茂神社、東西兩本願寺(ほんぐわんじ)、知恩院(ちおんゐん)、淸水寺(きよみづでら)など名高い社寺がたくさんあります。美しい社殿(しやでん)や堂塔(だうたふ)の後(うしろ)に、東山(ひがしやま)のやうな圓(まる)く重なり合ふ山々を望むところに、京都らしい、落ついた美しさと奧ゆかしさが感じられます。北東の方にそびえてゐる比叡山(ひえいざん)には、名高い延曆寺(えんりやくじ)があり、眺望(てうばう)がよいので登(のぼ)る人が絕えません。

平 安 神 宮

　各種の學校・博物館(はくぶつくわん)などがあつて、我が國學術(がくじゆつ)の一中心地となつてをり、また古くから美術工藝(こうげい)品の製作が有名で、絹織物・染物(そめもの)・陶器など、いづれも品質のすぐれたものを産します。

　市の南部に當る桃山(ももやま)には、明治天皇の御陵(ごりよう)、昭憲皇太后(せうけんくわうたいこう)の御陵があります。また附近一帶は、名高い宇治(うぢ)茶の産地です。

　奈良は、都が京都にうつされる前、七十餘年の間帝都であつたところで、古い文化(ぶんくわ)のはなやかに咲き匂(にほ)うたところですから、市の內外の史蹟名勝(めいしよう)をたづねると、そのころの繁華(はんくわ)なさまが、なつかしくしのばれます。

春 日 神 社

　有名な正倉院(しやうさうゐん)・春日(かすが)神社・東大寺(とうだいじ)・興福(こうふく)寺などがあつて、京都とともに、全國から訪(おとづ)れる人がたくさんあります。

　奈良の南西にある法隆(ほふりゆう)寺は、世界で最も古いしかも美しい木造建築物(もくざうけんちくぶつ)で、たくさんの寶物(はうもつ)とともに、一千三百年の昔の文化の尊(たふと)い記念です。

　盆地の南部地方には、古い皇居(くわうきよ)のあとと御陵とが各地に拜されますが、特に畝傍山(うねびやま)のふもとに、神武天皇の御陵や橿原(かしはら)神宮を拜するとき、われわれは、二千六百餘年の昔にたちかへつて、御創業(ごさうげふ)をさながらに仰(あふ)ぎ、尊い御精神に打たれるのであります。

法　隆　寺

　大阪と神戸　大阪平野の中央を流れ、大阪灣に注ぐ淀川の川口に
發達した大阪は、人口三百三十萬、わが國第二の大都市です。大阪
は古くから港町(みなとまち)として榮えたところで、町が南東部の
低い臺地(だいち)と、淀川沿岸の低地とに區別(くべつ)されること
は東京と似てゐます。ただ臺地の部分は、東京の山手(やまのて)に
くらべて、ずつとせまく、しかもこの部分は大阪での古い場所で、
高津宮(かうづのみや)・四天王寺(してんのうじ)・大阪城その他の
史蹟があります。低地は商工業區域で、そこは淀川の下流がくしの
齒のやうに分れ、それらをつなぐ堀がまたいたるところに通じてゐ
て、町すぢと川すぢとが、影の形に沿ふやうに組み合ひ、水面と陸
面とどちらが廣いかわからないほどです。大阪を水の都といひ、橋
の町と呼ぶのは、まことによくこの町のやうすをいひあらはしてゐ
ます。

　このたくさんの水路は、昔から市內の交通に大きな役目をつとめて來ました。今でも貨物(くわもつ)の輸送が盛んで、たくさんの荷物船が活動してゐます。

　大阪は、東京とともに最も工業の盛んなところで、いはば工業日本の東と西を代表してをり、また商業についても同じことがいへます。ただ大阪は、町全體のはたらきがほとんど商業と工業とに集中(しふちゆう)されてゐる點で、東京とはまたちがつたおもむきがあります。

地 下 鐵 道

　大阪灣の沿岸一帶は工業が盛んです。すなはち、大阪を中心として尼崎(あまがさき)・西宮(にしのみや)・神戶及び堺(さかひ)・岸和田(きしわだ)などの諸都市が連なつてゐます。これらは阪神(はん

しん)工業地帶と呼ばれ、大小各種の工場から立ちのぼる煙は空を蔽(おほ)ふてゐます。大阪・神戸の兩港は、この工業地帶の門戸(もんこ)をなす港で、横濱とともに、わが國の三大貿易港となつてゐます。

神　戸　港

　神戸は人口約百萬、横濱と並ぶ大貿易港です。港として古い歴史をもつてゐることは横濱とちがふ點ですが、今日のやうに大きく發展したのは、大阪といふ大商工都市をひかへてゐるからで、そこに横濱、東京の關係と同じものがあります。天然(てんねん)の地形を利用して築港された神戸港は、港の設備(せつび)がととのひ、どんな大きな汽船でも自由に出入することができます。大きな造船所があるのはこの港にふさはしく、その他の工業もまた盛んです。

湊 川 神 社

　神戸は後(うしろ)に山をひかへ、平地が少いために、町は海岸に沿うて帶(おび)のやうに細長くのびてゐます。しかし町が發展するにつれて、家は次第に山の傾斜地(けいしやち)をはひあがつて行き、海岸から小高いところまで建物がずつと立ち並んで、特色のある市街をつくつてゐます。

　神戸驛の近くに菊水(きくすゐ)のかをりも高い湊川(みなとがは)神社があつて、とこしへに忠臣(ちゆうしん)のいさををを仰ぐのであります。

## 五　神戸(かうべ)から下關(しものせき)まで

神戸から下關に至(いた)る地方は、山陽道とよばれて來たところで、京都(きやうと)・大阪(おほさか)方面と九州(きうしう)や朝鮮とをむすぶ地方として早くから開け、海岸の平野には各所に都市が發達してゐます。

神戸に起る山陽本線は、これらの都市を連(つら)ねて景色(けしき)のよい瀨戸内海(せとないかい)の沿岸(えんがん)を通り、下關に達するのですが、下關からは直ちに海底(かいてい)トンネルによつて、九州の鐵道にれんらくするので、東京(とうきやう)から長崎(ながさき)や鹿兒島(かごしま)へ直行(ちよくかう)する列車(れつしや)もあります。

また下關から釜山(ふさん)へも、鐵道れんらく船が通じてゐます。

**瀨戸内海**　　瀨戸内海は、本州(ほんしう)の南西部と四國(しこく)・九州との間にかこまれた細長い内海で、交通(かうつう)上大切(たいせつ)な位置(ゐち)を占(し)め、その上、沿岸は非常(ひじやう)に出入が多く、また大小無數の島々がちらばつてゐて、船着きに適した港が多いので、わが國で最も早くから海上交通の發達したところです。沿岸航路(かうろ)や外國航路の船が絕(た)えず往來(わうらい)してゐる瀨戸内海は、わが國で最もにぎやかな海の街道(かいだう)といふことができます。

しかし、本土と島々との間や、島と島との間には、狹(せま)い海峽(かいけふ)が次々にあるので、船の通路はなかなかふくざつです。その上、潮(しほ)の干滿(かんまん)の度毎に、これらの海峽を潮流(てうりう)がはげしい勢(いきほひ)で流れます。淡路(あはぢ)

島と四國との間の鳴門(なると)海峡は潮流のはげしいことで有名です。

瀬戸内海の沿岸は、本州中でも雨の少い晴天(せいてん)の多い地方で、且つ、沿岸の山地も島山(しまやま)も、花崗岩(くわかうがん)の白い山はだを見せ、海岸の砂濱がまた白くかがやいてゐますので、全體として明かるい感じを與へます。そこに緑の松が連なり、靑い海の色と相映(えい)じて、美しい景色をくりひろげます。

瀬戸内海の風景

瀬戸内海は、たしかにわが國の海の公園であります。

瀬戸内海は、水産業の上からも大切な海です。ここでは、いろいろの魚類もたくさん取れますが、製鹽業には殊に注意せねばなりません。

鹽　田

　遠淺(とほあさ)で砂濱がよく發達し、晴天の日の多い瀬戸内海の
沿岸は、昔から製鹽業が盛んで、朝鮮や臺灣の西海岸地方、關東州
などと共に、わが國でいちばん鹽の多くとれる地方です。赤穗(あ
かほ)・防府(はうふ)・坂出(さかいで)などはこの中心地です。

　なほ沿岸や島々には、いろいろな果樹(くわじゆ)の栽培(さいば
い)が盛んです。氣候(きこう)が果樹に適(てき)してゐるのと、いつ
ぱんに山地が多くて田が少いので、傾斜(けいしや)地を利用(りよ
う)してその栽培に力を注(そそ)ぐからであります。

沿岸の工業　　瀬戸內海の沿岸では、本州側でも四國側でも、近年各地に工業が大いに發達して來ました。さうして、これはやがて阪神(はんしん)と北九州との二大工業地帶(ちたい)を、だんだん結びつけて行くもののやうに思はれます。

　本州側には、明石(あかし)・姫路(ひめぢ)・岡山(をかやま)・吳(くれ)・廣島(ひろしま)・德山(とくやま)・下關(しものせき)などがあり、四國側には、高松(たかまつ)・新居濱(にゐはま)・今治(いまばり)・松山(まつやま)などの都市があります。

　姫路は農業・工業の中心地であるばかりでなく、昔からの城下(じやうか)町で、市の中央(ちゆうあう)にある城はよく昔のおもかげを殘し、そびえ立つ天守閣(てんしゆかく)の美しさは、さすがに天下の名城(めいじやう)の名にはぢません。附近の廣畑(ひろはた)には大きな製鐵所があります。

姫 路 城

　吳は軍港として有名です。

　廣島灣の奥(おく)にある廣島は、大田川の三角洲(さんかくす)上に發達した良港で、海・陸の交通によく、吳とともに商工業が榮え、山陽第一の都市となつてゐます。

　德山は海軍の要港(えうかう)で、附近の岩國(いはくに)・防府・宇部(うべ)などは何れも新興(しんこう)工業都市です。

　下關は、瀬戸内海の西の口にある良港で、水陸交通の要地です。また漁業の大中心地として、水産物の集散が盛んですが、市の一部である彦島(ひこしま)には、造船その他の工業が行はれてゐます。

　なほ農家の副業(ふくげふ)として、岡山・廣島二縣には、たたみ表やござが作られます。この地方は、わが國でもその主な產地となつてゐます。また中國(ちゆうごく)高原には牛の牧畜がたいそう盛んです。

　高松は交通上大切なところで、中國との間には鐵道連絡船も通つてゐます。高松附近の平野は、土地がよく開け、米や麥を多く產します。雨がわりあひ少いので、姫路附近の平野や大阪平野などと同じく、田に水を引くための貯水池(ちよすゐち)がたくさんあります。

　新居濱は、別子鑛山(べつしくわうざん)によつて發達したところで、近年新しく工業が興つてゐます。

　別子鑛山は、わが國でも主な銅の產地です。

　**黒潮(くろしほ)**　瀬戸内海に面する北四國にくらべて、太平洋に面する南四國は人口も少く、都市も多くありません。南四國はたいそう雨が多く、氣候は暖かで、森林(しんりん)がよく茂(しげ)つて

ゐて、林産物に富(と)んでゐます。また各地に漁港があつて、かつ
をやまぐろなどがたくさん取れ、高知縣はかつをぶしの産地として
知られてゐます。高知は南四國の中心都市です。

　このやうに、林業や水産業が盛んなのは、この地方を黑潮が洗つ
てゐるからです。

　黑潮は、日本海流(につぽんかいりう)といはれる太平洋中の大き
な暖流(だんりう)です。流れの色が黑みがかつてゐて、他の部分と
區別されるところから、かうよばれるのです。赤道(せきだう)の北
を西へ流れ、フィリピンの島々につき當つて方向を北へ轉(てん)
じ、臺灣(たいわん)や琉球列島(りうきうれつたう)の沿岸を通つ
て、九州(きうしう)・四國の南岸から紀伊・伊豆・房總(ばうそう)
の諸半島附近を東へ流れ、銚子(てうし)の近海から本州(ほんしう)
をはなれて北太平洋の沖へ向かひます。

　なほこの本流から分れて對馬(つしま)海峽を通り、本州・北海道
(ほくかいだう)の日本海沿岸を北上(ほくじやう)する對馬海流もあ
ります。

　黑潮はその通路に當る沿岸一帶(いつたい)の地の氣温を高め、ま
た雨も多く降らせます。殊に南東季節風(きせつふう)の吹きつける
夏季には太平洋岸一帶に雨が多くなり、ために南九州・南四國・紀
伊半島などのやうに見事な森林が發達するのです。もつとも、これ
ら各地の森林が發達したのは、ただ氣候がよいからのみではなく、
土地の人々が森林を愛護(あいご)したからです。紀伊半島の杉の良
材(りやうざい)の如きは、紀(き)の國は木の國でなければならぬと
いつて、久しい間、人々が木を育てるために努力した賜(たまもの)
であるともいへます。

かつをつり

　また黑潮の流れには、いわし・かつを・まぐろ・ぶりなどの魚類が多いので、その通路に當る沿岸では、漁業が盛んで、今では黑潮にをどる漁群を追うて、遠く太平洋の眞中までも乘出し、盛んに活動してゐます。勇敢(ゆうかん)で漁業に巧(たく)みなわが國民は、太平洋の諸地方のみでなく、インド洋方面までも進出し、いたるところで、すぐれた腕前をあらはし、世界一の水產國たる面目(めんぼく)を發揮(はつき)してゐます。

## 六  九州(きうしう)とその島々

九州は、その位置が內地でも西の端(はし)に當つてゐるので、歷史上、朝鮮・支那(しな)や西洋(せいやう)の國々との交通(かうつう)に關係(くわんけい)が深かつたのですが、今後は東亞(とうあ)の地方とのれんらく上、いつそう大切(たいせつ)なところとなるでせう。

**工業(こうげふ)の盛んな北九州**  九州でも北九州は、本州(ほんしう)の西の人口に當り、海陸の交通が非常(ひじやう)に便利(べんり)である上に、わが國でもいちばん大きな石炭の產地ですから、そこにすばらしく工業が發達したのです。中でも、福岡(ふくをか)縣には筑豐炭田(ちくほうたんでん)及び三池(みいけ)炭田の二大炭田があつて、わが國で產する石炭の約半分をこの縣から產出します。そのほか、佐賀(さが)・長崎(ながさき)の兩縣からも石炭が出るので、北九州はたいそう石炭に惠(めぐ)まれたところです。

九州でも、北の端(はし)にあたる門司(もじ)・小倉(こくら)・戶畑(とばた)・八幡(やはた)・若松(わかまつ)などの都市が連(つら)なる地方は、いたるところ工場が立ち並んでゐて、京濱(けいひん)・名古屋・阪神(はんしん)地方などとともに、わが國の一大工業地帶をなし、重(ぢゆう)工業・食料品(しよくれうひん)工業・化學(くわがく)工業などが盛んに行はれてゐます。そのありさまは、汽車の上からもよく見ることができます。門司・若松の二港は、この工業地帶の製品を內外各地へ積み出し、原料を輸入(ゆにふ)するとともに、また筑豐炭田の石炭を多く積み出します。

工場の內部

　福岡は、人口(じんこう)三十萬、九州第一の都市で、港町(みなとまち)としての博多(はかた)の名は古くから著(あらは)れてゐます。近時、大陸や南方の諸港との間の交通がいつそう盛んになつてきました。釜山(ふさん)との間にも鐵道れんらく船が通つて、關釜(くわんぷ)れんらく船とともに大切な役目を果してゐます。更にここは、わが國の航空路(かうくうろ)の一中心で、滿洲や支那へ、また臺灣(たいわん)を經て南方諸地方へ、航空路を通じてゐます。近くに炭田があるので、市の內外に新しい工業が興つて來ました。久留米(くるめ)は交通の要地(えうち)として商工業が盛んです。大牟田(おほむた)は三池炭田のために發達した都市で、化學工業を始めいろいろな工業が興つてゐます。市の一部にある三池港からは石炭の積み出しが盛んです。

長崎は、わが外國貿易(ぐわいこくぼうえき)の歴史に特に緣(えん)の深い港で、上海航路の起點です。

佐世保(させぼ)は軍港として發達したところです。その東の有田(ありた)は、陶器の産地として昔から名高いところです。

工業が大いに榮(さか)え、人口も密(みつ)で、都市も多い北九州には、交通がよく發達してゐます。門司から起る鹿兒島(かごしま)本線と小倉から起る日豐(につぽう)本線とは、鹿兒島で出あつて九州を一周(いつしう)する幹(かん)線をなし、また鹿兒島本線から分れる長崎本線も、主な線となつてゐます。

これらの幹線の集る北九州では、その支線が各地に通じ、殊に筑豐炭田地方のたくさんの炭坑(たんかう)町をつなぐ線が、網(あみ)の目のやうに發達してゐます。

北九州は、海岸の出入が多く良港(りやうかう)も多いので、海上の交通もたいそう盛んです。

**筑紫(つくし)平野と熊本平野** 九州でいちばん大きな筑後(ちくご)川の流域にひろがる筑紫平野は、九州一の廣い平野で、これに次ぐ熊本平野とともに農産物が非常に豐(ゆた)かです。特によい米がたくさん取れ、他の地方へ盛んに送り出します。また、麥や菜種(なたね)も多く産します。

筑紫平野では佐賀と久留米、熊本平野では熊本が中心都市で、ともに米の取引が盛んです。三市とも、城下町(じやうかまち)として發達したもので、殊に當時(たうじ)の城として熊本城は有名(いうめい)です。

筑紫平野は、關東(くわんとう)平野などとちがつて、土地の大部分がごく低く平らですから、見渡(みわた)すかぎり田が連なり、み

ぞが無數に通じてゐて、それがこの平野の一つの特色(とくしよく)をなしてゐます。筑紫・熊本の兩平野は人口がきはめて密で、北九州工業地帯とともに、九州でもいちばん密な地方となつてゐます。

阿蘇の噴煙

**阿蘇(あそ)と霧島(きりしま)**　九州は、阿蘇火山帯(くわざんたい)や霧島火山帯が通つてゐますから、火山がたくさんあります。中でも、阿蘇山と霧島山とはその代表的(だいへうてき)なもので、そのほか島原(しまばら)半島の雲仙岳(うんぜんだけ)や、鹿兒島灣内の櫻島(さくらじま)なども有名な火山です。

阿 蘇 山

　阿蘇山の舊火口(きうくわこう)は、東西十八キロ、南北二十四キロ、世界に例(れい)のないほどの大きなもので、その中央にまたいくつかの新しい火口丘(きう)ができてゐます。

　これらの火口丘と、舊火口壁(へき)との間は平地になり、村や町がいくつもあります。

　これらの火山のあるところは、すべて景色(けしき)がよく、附近にはたいてい溫泉(をんせん)があります。殊に大分(おほいた)の近くの別府は、溫泉町として世界的に有名なところです。

　火山の中腹(ちゆうふく)や、すそ野には廣い原野(げんや)があつて、牧場(ぼくぢやう)に適(てき)しますから、阿蘇・霧島・雲仙などいづれもりつばな牧場があり、牛や馬が飼はれてゐます。

神代(かみよ)をしのぶ南九州　九州をななめに横ぎる九州山脈を境(さかひ)として、その南にある南九州は、北九州にくらべていつそう暖かく、雨もまたずつと多く降ります。この關係は、四國の南と北の場合とよく似てゐます。

鹿兒島と櫻島

南九州は、瓊瓊杵尊(ににぎのみこと)の御降臨(ごかうりん)以後神武天皇の御東征(とうせい)に至るまでの歴史を傳へる地で、われわれをして遠く神代をしのばせ、國史の尊(たふと)い根元(こんげん)に思ひをひそめさせるのであります。

この地方では、北九州のやうな商工業の發達は見られませんが、農業や牧畜は盛んに行はれてゐます。北九州とちがつて田よりも畠が多いので、さつまいもその他畠作物が多く作られます。

　九州山脈中には金・銀・銅・錫(すず)などの鑛山(くわうざん)が
あります。佐賀關(さがのせき)には大きな製錬所があつて盛んに
金・銀・銅を製錬してゐます。

　鹿兒島は、南九州第一の都市で、鹿兒島灣にのぞみ、櫻島と相對
してたいそう景色がよく、また南九州での海陸交通の一中心ともな
つてゐます。宮崎は附近の平野の中心地です。附近一帶には史蹟
(しせき)がたくさんあつて、太古(たいこ)に開けた地方であること
を物語(ものがた)つてゐます。北の延岡(のべをか)では水力電氣を
利用し、人造絹絲(じんざうけんし)・肥料(ひれう)などの工業が行
はれてゐます。

　**琉球(りうきう)その他の島々**　　九州本土(ほんど)の南には、臺灣
との間に薩南諸島(さつなんしよたう)・琉球列島が長く連なつてを
り、北には、朝鮮との間に壹岐(いき)・對馬(つしま)、西には五島
(ごたう)、その他大小の島々がたくさんあります。

　薩南諸島・琉球列島は氣溫が高く、熱帶(ねつたい)植物が茂り、
さたうきびの栽培(さいばい)が盛んで、內地第一の砂糖(さたう)の
産地です。また、さつまいもがたくさん取れ、米の少いこの地方の
住民(ぢゆうみん)の食料として大切です。

　沖繩(おきなは)島は琉球列島の中の主な島で、邦覇(なは)・首里
(しふり)の二市があり、邦覇は列島第一の良港です。琉球列島は、
わが國でも殊に颱風(たいふう)の多い地方ですから、家はとくべつ
に丈夫(ぢやうぶ)に作られ、まはりに高い石垣(いしがき)をめぐら
すなど、風に對するいろいろの注意が施(ほどこ)してあります。

琉球の民家

　壹岐・對馬は日本海の口を扼(やく)してゐますから、今日軍事上非常に大切なところで、また五島とともに漁業の根據(こんきよ)地となつてゐます。隨(したが)つて長崎縣はわが國でも漁業がたいそう盛んなところです。

　九州の島々からは、遠く海外へ進出して、漁業その他に活動(くわつどう)してゐる人がたくさんあります。

## 七 中央(ちゆうあう)の高地(かうち)と北陸(ほくりく)・山陰(さんいん)

　本州(ほんしう)の中央部は、飛驒(ひだ)・木曾(きそ)・赤石(あかいし)などの高い山脈があり、各地の火山(くわざん)がそびえ、高原(かうげん)が展開(てんかい)して、本州でいちばん土地の高いところとなつてゐます。

　この高地の北につづく新潟(にひがた)・富山(とやま)・石川(いしかは)・福井(ふくゐ)の諸縣(しよけん)を含(ふく)む地方を長野(ながの)縣と共に北陸地方と呼び、その西の方、中國(ちゆうごく)山脈の北側を占める一帶(いつたい)の地方を山陰地方といひます。

　**本州の屋根**　本州の中央高地中でも、全體として最(もつと)も土地が高まつてゐる長野縣は、いはば本州の屋根に當ります。殊に同縣の西の境(さかひ)にある飛驒山脈は、三千メートル内外(ないぐわい)の高い山がいくつもあつて、南北に連(つら)なるけはしい嶺々(みねみね)は、大空を突いてそびえてゐます。

　赤石山脈も三千メートルをこえる山々があつて、同じく雄大(ゆうだい)な山脈ですが、木曾山脈はこれらに劣(おと)ります。

　これらの山脈の間を流れる信濃(しなの)・木曾(きそ)・天龍(てんりゆう)・富士などの大きな川の谷や、沿岸(えんがん)の盆地(ぼんち)は、中央の高地での主な産業(さんげふ)地となつてをり、都市もそこに發達してゐます。

飛驒山脈の高峯

　中央の高地には、各地に森林(しんりん)が分布(ぶんぷ)してゐ
て、木材(もくざい)を多く産します。殊に木曾谷の森林は有名(いう
めい)で、ひのき・さはらなどの良材(りやうざい)が伐(き)り出さ
れ、各地へ輸送(ゆそう)されます。畏(かしこ)くも神宮の御造營(ご
ざうえい)に用ひられるのは木曾の御料林(ごれうりん)のひのきで
す。

　**名高い養蠶(やうさん)地**　本州中央の高地は、わが國でいちばん
養蠶の盛んな地方で、いたるところに打ち續く桑(くわ)畠が見られ
ます。養蠶にともなつて、この地方では製絲業(せいしげふ)も各地
で營(いとな)まれてゐます。

木材の運搬

　諏訪湖(すはこ)の沿岸は製絲業が特に盛んで、その中心の岡谷(をかや)は、わが國第一の生絲(きいと)の町です。諏訪湖から流れ出る天龍川の谷や、松本(まつもと)・長野・上田(うへだ)などの諸盆地も、それぞれ養蠶・製絲が盛んです。長野は參詣者(さんけいしや)の多い善光寺(ぜんくわうじ)の門前町(もんぜんまち)として發達したところです。

　山梨(やまなし)縣でも、甲府(かふふ)盆地をはじめ、各地で養蠶が行はれてゐます。長野縣及び山梨縣の東側(ひがしがは)の山地を越(こ)えて、關東平野に出るふもとの地方が、また養蠶・製絲の盛んなところであることは、すでに前に學んだ通りです。また長野縣の南西にある愛知(あいち)・岐阜(ぎふ)の兩縣にも養蠶が廣く行はれてゐます。

　わが國の養蠶業は、本州中央の高地がその大中心地となつてゐますが、他の地方でもいたるところで行はれ、わが國は世界の生絲の大部分を産出するのです。隨つて、絹織(きぬおり)物も古來(こらい)わが國の名産であり、わが國人のすぐれた技術(ぎじゆつ)と豊かな趣味(しゆみ)とをあらはしたものが、各地で織られます。

　**冬の風と雪**　日本海の沿岸(えんがん)一帶(いつたい)は、冬になると、北西季節風(きせつふう)が海を渡(わた)つて來て山地に吹きつけるため、雪がたくさん降ります。特に、北陸(ほくりく)は雪が深く、屋根よりも高く積(つも)る地方もあるほどで、野も村も町も全く一面の雪に埋(うづ)まつてしまふ有樣(ありさま)は、朝鮮などではほとんど想像(さうざう)もつかないほどです。

北陸の雪

　かやうに雪の多い地方ですから、冬の交通(かうつう)は困難(こんなん)であり、産業上にも、いろいろのさしつかへが起ります。いつぱんに、冬は田や畠の耕作(かうさく)ができません。そこで、長い冬を利用(りよう)して各種の副業(ふくげふ)をいとなみ、それが今では大きな産業となつてゐるところもあります。

　**米と石油(せきゆ)と羽二重(はぶたへ)**　　信濃(しなの)川下流(かりう)の越後(えちご)平野は、わが國でも主な米の産地で、東京をはじめ諸地方へたくさん送り出します。越後平野やその附近では、絹(きぬ)・麻(あさ)・人絹(じんけん)などの織物業が各地に行はれてゐます。もとは、農業の餘暇(よか)を利用した副業から發達して、今日の盛大を見るやうになつたのです。

新潟縣の油田

またこの平野は、石油の產地として知られ、秋田(あきた)縣とともにわが國の石油の二大產地となつてゐます。石油は新潟・長岡(ながをか)などで精製(せいせい)されてゐます。

信濃川の川口の港として發達した新潟は、近ごろ築港(ちくかう)が新しくでき、北鮮(ほくせん)の羅津(らしん)や淸津(せいしん)を經(へ)て、滿洲(まんしう)との貿易(ぼうえき)が盛んになりました。

上越(じやうゑつ)線や信越(しんゑつ)本線は、越後平野と關東(くわんとう)平野を結び、北陸(ほくりく)本線は、越後平野と京都・大阪方面とをれんらくしてゐます。

まはりに山をめぐらし、前に灣をひかへた富山平野は、越後平野とともに米の產地で、他地方へたくさん送り出します。まはりの高い山地を流れくだる川々は、急流でかつ水量(すゐりやう)が多いため、いたるところ水力發電(すゐりよくはつでん)に利用され、その電力によつて、富山をはじめ各地にいろいろな新しい工業が興つてゐます。その電氣は、東京・大阪などにも送られます。また昔から有名な賣藥(ばいやく)は、各地でつくられ、富山はその中心地です。伏木(ふしき)は米の積出港として名高く、また北鮮の港に航路が通じ、朝鮮や滿洲と取引が行はれてゐます。

北陸本線は、富山平野から南西へむかひ、金澤(かなざは)・福井・敦賀(つるが)などの都市を通つて近江盆地(あふみぼんち)へはいるのですが、その道すぢに當る石川・福井の兩縣は、わが國の主な羽二重や人絹織物の產地として知られてゐます。これらの中心地は、城下町(じやうかまち)として名高い金澤や福井であります。

海岸の出入の多い若狹(わかさ)灣岸には、東部に敦賀(つるが)があつて、大陸方面との交通や貿易が盛んで、西部には軍港の東舞鶴

(ひがしまひづる)があります。

　**山陰**　京都から北西へ向かふ山陰本線は、日本海岸に出ると、だいたい海岸に沿つて山陰の主な町をつらね、下關へ達してゐます。火山帶(くわざんたい)が近くを通つてゐますので、沿線(えんせん)には、有名な大山(だいせん)をはじめ、多くの火山や溫泉があります。また、青い日本海の波が岸のいはほにくだける美しい景色も、車中から望むことができます。

　交通の要地(やうち)鳥取(とつとり)や米子(よなご)、風景のよいので名高い松江(まつえ)、或は維新(ゐしん)の史蹟に有名な萩(はぎ)などは沿線の主な町です。

出　雲　大　社

　宍道湖(しんぢこ)附近の平野は、平野の少い山陰中の主なものです。また、神代(かみよ)以來ひらけた出雲(いづも)地方の中心であ

るので、いたるところに神社や史蹟があります。大社(たいしや)に
ある出雲大社(いづものおほやしろ)は、神代をしのぶにふさはしい
古代建築(こだいけんちく)の遺風を傳へた神社です。

　　日本海(につぽんかい)　　　北陸・山陰などの面する日本海は、本
州・北海道(ほくかいだう)・樺太(からふと)・朝鮮及びシベリヤな
どによつて圍(かこ)まれた海です。この海にのぞむ地方は、だいた
い山地が海岸にせまつてゐるので平野に乏(とぼ)しく、また海岸線
の出入が少く、島にもめぐまれてゐません。

　しかしこの海は、內地と大陸との間に橫たはつてゐますから、古
來兩者を結(むす)ぶ大切な役目を果してきました。

　遠い神代の昔から、內鮮間の交通がこの海を流れる海流や、また
は季節風を利用して、行はれたことも少くなかつたでせう。

　山陰や北陸などは、朝鮮との關係の特に深いところです。滿洲國
の建國(けんこく)以來、北鮮の諸港をなかつぎとして、內地と滿洲
との交通がひんぱんとなり、また沿岸の各地で、工業や漁業などが
盛んに行はれるやうになりましたから、日本海は、その重要性をい
つそう高めてきました。

　地圖をひらけば、新潟・伏木・敦賀・境(さかひ)などの內地側(が
は)の諸港と、羅津・淸津・城津・元山(げんさん)などの朝鮮側の諸
港とをつらねてゐるたくさんの航路が、通じてゐるのを見ることが
できます。今や、日本海は、あたかもわが國內にある湖(みづうみ)
のやうな役目を果してゐるのです。

## 八　東京(とうきやう)から靑森(あをもり)まで

　　東京から北の方、靑森へ行く鐵道には、太平洋側(がは)を通るものと、日本海側を通るものとがあります。

　　太平洋側を通る東京・靑森間の線は、東北(とうほく)本線ですが、別に常盤(じやうばん)線があつて、途中までこの線を通つて靑森へ行く汽車もあります。

　　日本海側を通る奥羽(あうう)本線は、東北本線の福島(ふくしま)から起り、奥羽山脈を越え、その西側の盆地(ぼんち)や海岸平野を通つて、靑森に達します。

　　これらの線が通る福島縣以北の地方は、位置の關係(くわんけい)からいつて、本州(ほんしう)中いちばん寒いところですが、奥羽山脈を境(さかひ)に、日本海側は暖流(だんりう)が流れるため、寒流(かんりう)の流れる太平洋側よりも氣溫(きをん)が高いのです。雪は日本海側に深くて、北陸(ほくりく)の續きであることを思はせ、太平洋側にはずつと少いのです。かうした氣候の特色(とくしよく)は、産業(さんげふ)・交通(かうつう)などにも深い關係があります。

　　**太平洋側**　東北本線は、浦和(うらわ)・大宮(おほみや)・宇都宮(うつのみや)を經て關東平野を北へぬけ、馬市(うまいち)で有名な白河(しらかは)を通つて、阿武隈(あぶくま)川の谷に出ます。この谷では養蠶(やうさん)が盛んで、生絲(きいと)を多く産し、郡山(こほりやま)・福島はその中心都市です。

　　常盤線は、東京から北東へ向かひ、史蹟に富む水戸、銅の産出

と製錬で名高い日立(ひたち)を經て常盤炭田(たんでん)に達し、更に北へ進んで、阿武隈川の下流で東北本線に合して仙臺(せんだい)にでます。

　仙臺は、人口二十二萬、東北第一の都市で、米のたくさん取れる仙臺平野の中心地として榮(さか)えてゐます。附近の仙臺灣から北の海岸は、たいそう出入が多く、各地に漁港が發達してゐて、いわし・かつを・まぐろなどがたくさん取れます。宮城(みやぎ)縣は、鹿兒島(かごしま)縣・靜岡(しづをか)縣とともに、かつをぶしの主な産地です。釜石(かまいし)はこの方面の漁港の一つですが、また附近には有名な鐵山があります。

馬の牧場

　東北本線は、仙臺平野から北上(きたかみ)川の谷をさかのぼり、盛岡(もりをか)を經(へ)て靑森へ向かひます。沿線(えんせん)の火山(くわざん)のすそ野や原野(げんや)では、牧馬(ぼくば)がたいそう盛んで、この地方は古くから名馬の産地として知られ、盛岡はその一中心地で、ここの馬市は有名です。

青森は、本州と北海道(ほくかいだう)との交通上大切(たいせつ)な港で、函館(はこだて)との間には鐵道れんらく船が往來(わうらい)してゐます。陸奥(むつ)灣の奥には、海軍の要港(えうこう)の大湊(おほみなと)があります。

**日本海(につぽんかい)側** 本州北東部の中央(ちようあう)をたてに貫(つら)ぬいてゐる奥羽山脈には、邦須火山帶(なすくわざんたい)が通つてゐるので、たくさんの美しい火山がそびえてをり、溫泉(をんせん)も各地にわいてゐます。火山の附近には、南の猪苗代湖(ゐなはしろこ)や北の十和田湖(とわだこ)のやうな、景色(けしき)のよい湖もあります。なほ邦須火山帶に平行(へいかう)して、日本海側を鳥海(てうかい)火山帶が通つてゐます。猪苗代湖の西には、會津(あひづ)盆地がありますが、この盆地を始め、日本海側には盆地がいくつもあつて、南北に並んでをります。若松(わかまつ)・米澤(よねざは)・山形(やまがた)などは、それら盆地の中心都市です。これらの盆地は、日本海岸の諸平野とともに、米の主産地で、酒田(さかた)などから、東京を始め大阪その他へどんどん積み出し、內地のうちで、米を他地方へ送り出す大切なところとなつてゐます。ただこの地方は、年により夏の氣溫が不足して凶作(きようさく)を見ることがあります。特に、寒流の流れる太平洋側にそれが多いのです。

奥羽本線は、秋田(あきた)で羽越(うゑつ)本線と合します。羽越本線は、日本海沿岸を通つて、秋田と新潟(にひがた)方面とをれんらくする線です。秋田の附近には、油田(ゆでん)があつて、石油を產します。石油のほか、秋田縣には銅・金・銀の鑛山が所々(しよしよ)にあつて、中でも小阪(こさか)は最も著(あらは)れてゐます。

　日本海側には、森林(しんりん)がよく茂り、殊に米代(よねしろ)川流域の杉は有名です。

　弘前(ひろさき)附近の平野は、わが國第一のりんごの産地です。この地方では、明治の初めごろから栽培(さいばい)され、その後、栽培者の非常(ひじやう)な苦心が續けられた上、氣候・土質(どしつ)もまたりんごに適(てき)したため、遂(つひ)に今日のやうな盛況(せいきやう)を見るに至りました。靑森縣のりんごは、朝鮮のりんごとともに、その名をうたはれてゐます。

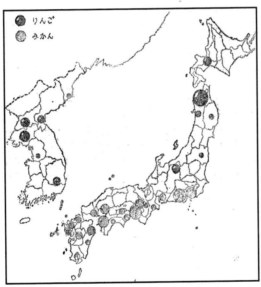

りんごとみかんの分布

　本州の北東部や朝鮮などでは、りんごの産出は多いけれども、暖かい地方に適するみかんは、ほとんど見られません。

## 九　北海道(ほくかいだう)と樺太(からふと)

　北海道本島と、千島列島(ちしまれつたう)及び北緯(ほくゐ)五十度の線を境(さかひ)とする樺太島の南半部は、わが國でいちばん北にある地方ですから、北部朝鮮などとともに、氣溫(きをん)がずつと低く、冬の寒さのきびしいところです。

大泊の氷上荷役

　北海道も樺太も、開拓(かいたく)の歴史は新しいのですが、本州その他から移住(いぢゆう)して來た人たちが、いろいろな困難(こんなん)と戰ひながら、努力(どりよく)を重ねて開拓に從事したので、兩地方とも、その發展(はつてん)にはめざましいものがあります。

　また、兩地方とも、米國やロシヤの領土に接近(せつきん)してゐるので、わが北邊(ほくへん)の守りの上から、或はわが國の北方への發展の上から、きはめて大切なところです。

にしんの陸あげ

　北海道は人口約三百三十萬、樺太は約四十萬で、いづれも面積(めんせき)のわりあひからすると、わが國でいちばん人口の少い地方ですが、今後の發展にともなつて、ますます増加するでありませう。

**豐(ゆた)かな水産**　寒流(かんりう)と暖流(だんりう)とが流れてゐる北海道や樺太の近海は、世界で有名な大漁場(だいぎよちやう)です。にしん・さけ・ます・たら・かに・こんぶなど寒流の海に多いもののほか、いわし・いか・まぐろなど暖流性のものも多いのです。さけやますは、各地の川でもたくさん取れます。

　北海道や樺太は、何れも先づ本州に近い海岸地方から開けはじめ

たのですが、それは、この地方に本州から漁業に出かける人が多か
つたからです。

　北海道の南の入口にある函館(はこだて)をはじめ、小樽(をた
る)・室蘭(むろらん)・根室(ねむろ)などの主な港や、樺太の門戶
(もんこ)である大泊(おほとまり)や眞岡(まをか)などは、いづれも
漁業の根據地(こんきよち)としてもたいせつです。毎年、漁期(ぎよ
き)になると、本州から出かせぎに行く人たちで、これらの港はに
ぎやかになります。また、函館・小樽などを根據として、遠くロシ
ヤ領カムチヤッカの沿岸などにまで出かけて、勇ましく活動(くわ
つどう)する人々もあります。取れた水産物は、大部分がいろいろ
の製造物として各地へ送られます。

　**農場(のうじやう)と牧場(ぼくじやう)**　開拓の當初(とうしよ)、非
常(ひじやう)に困難であつた北海道の農業も、その後、人々の努力
によつて、遂に今日のやうに一大發展をとげ、石狩(いしかり)川流
域の石狩平野や上川盆地(かみかはぼんち)、蝦夷(えぞ)山脈の東側
にある十勝(とかち)平野をはじめ各平野には農場がひらけ、氣候に
適(てき)したいろいろな農産物がたくさん取れるやうになりまし
た。また、農場の中には大規模(だいきぼ)な農法(のうはう)によつ
て經營(けいえい)されてゐるものもあります。

　その初め栽培(さいばい)することのできないものとされてゐた米
が、今ではほとんど全島にわたつて作られ、産額(さんがく)がいち
じるしく増加したほか、燕麥(えんばく)・小麥・じやがいも・豆な
どを多く産し、また、はっか・亞麻(あま)・除蟲菊(ぢよちゆうぎ
く)・甜菜(てんさい)のやうな特産物(とくさんぶつ)もあります。北
海道廳(ちやう)のある札幌(さつぽろ)をはじめ、旭川(あさひがは)

・帶廣(おびひろ)などは、それぞれこれら農業地の中心で、農産物の原料(げんれう)とする各種の工業が興つてゐます。樺太でも、南部の平野では農業が行はれ、燕麥・じゃがいも・甜菜などを産します。樺太廳のある豐原(とよはら)は、この平野の中心地です。

北海道の牧場

　北海道では、牧畜も盛んです。わが國でも他にほとんど見ることのできない廣々とした原野(げんや)があり、飼料(しれう)としての燕麥や、牧草(ぼくさう)もよく育つので、馬や牛の牧畜に適し、各地に牧場があります。特に南東部の太平洋方面は、牧馬の中心地で、馬市(うまいち)も各地で開かれます。石狩平野には乳牛(にゆうぎう)が多く、札幌では乳製品の製造が盛んです。この平野には、羊もたくさん飼(か)はれてゐます。

　　**盛んなパルプ工業**　北海道にも樺太にも、寒い地方に適するえぞまつ・とどまつなどの天然(てんねん)の大森林が、廣く分布してゐます。木材のままで送り出されるものもありますが、主としてパルプ工業の原料として使はれます。

樺太の森林

製紙工場

　隨(したが)つて、北海道と樺太とは、實にわが國第一のパルプ・洋紙の產地となり、北海道では、苫小牧(とまこまい)・釧路(くしろ)などに大きな製紙(せいし)工場があります。樺太では、豐原をはじめ都市といふ都市に、すべてパルプ及び製紙工場があります。

　北海道や樺太のパルプ工業が盛んになつたのは、兩地方ともに石炭の產出が多いことにもよります。

　北海道の石狩炭田(たんでん)は、筑豐(ちくほ)炭田についでたくさんの石炭を產出します。また、樺太でも、樺太山脈中に炭田が廣く分布し、惠須取(ゑすとる)附近をはじめ所々で堀り出されてゐます。

樺太の炭坑

　石炭はパルプ工業に使ふのみでなく、東京その他の地方へも送り出されます。室蘭(むろらん)では鐵工業も盛んに行はれてゐます。

　　**千島列島**　　千島列島は、北海道本島とロシヤ領(りやう)のカムチャッカ半島との間に連なつてゐるたくさんの島々です。この列島は、千島火山帯に當つてゐるので、どの島も大體けはしい火山島です。氣候が寒く、住民も少く、農業に適してゐませんが、近海にさけ・ます・たら・かになどがたくさん取れますから、漁業はなかなか盛んです。そのため，かんづめ工業も興つてゐます。夏は、漁業のために、ここへ來るものが少くありません。またその位置(ゐち)が、北太平洋におけるロシヤ及び米國の領土(りやうど)に近いので、國防(こくばう)上非常に大切なところです。

## 十 臺灣と南洋群島

日本列島(れつたう)のいちばん南にある臺灣は、熱帶(ねつたい)に近い氣候(きこう)のところで、夏の氣溫(きをん)は朝鮮とあまり變りませんが、冬は非常(ひじやう)に暖かく、季節(きせつ)の變化(へんくわ)が內地や朝鮮のやうにはつきりしません。

農家とびんらうじ

氣溫が高く、雨が多いので、樹木(じゆもく)はよく茂(しげ)り、熱帶性のいろいろな天產物(てんさんぶつ)に惠(めぐ)まれてゐる上に、わが國の領土(りやうど)となつてから、產業がいちじるしく進んだので、產業が豐(ゆた)かになりました。この島は、まことにわが南方の寶庫(ほうこ)といふ名にふさはしいところです。一方臺灣

は、對岸(たいがん)に支那本土(しなほんど)をのぞみ、南にわが國力の日々にのびゆく熱帶の諸地方をひかへてゐますから、軍事上、交通(かうつう)上、今後(こんご)ますます大切(たいせつ)なところとなるでせう。

面積は、朝鮮の約六分の一ぐらゐですが、人口(じんこう)は約六百萬、朝鮮の四分の一で、大部分は本島人(ほんたうじん)です。

南洋群島は、日本列島の南、赤道(せきだう)に近い熱帶の大海原(おほうなばら)に廣くちらばつてゐる島々で、わが太平洋方面の國防(こくばう)上の基地(きち)として、非常に大切であります。みんな小さな島ばかりですから、數は多くても、その全體の面積(めんせき)は東京都(とうきやうと)ぐらゐなものです。人口約十三萬で、多くは内地から移住した人々です。

西部平野　臺灣では、島をたてに通つてゐる臺灣山脈が眞中(まんなか)よりも東の方へかたよつて連(つら)なつてゐますから、西側(がは)には大きな川々があつて、それらの下流(かりう)の平野は、海岸に沿うて續(つづ)いてゐます。これと反對に、東側は山地が急に海にせまつてゐるので、平野が少いのです。

また、臺灣は海岸の出入(しゆつにふ)が少く、島もわづかで、しかも西海岸は、遠淺(とほあさ)ですから、天然(てんねん)の良港(りやうかう)がほとんどありません。

西海岸では、天日(てんぴ)による製鹽(せいえん)が行はれてゐます。

臺灣山脈から發して西部平野を流れる川には、大きなものも少くありませんが、川水が季節によつて非常に増減(ぞうげん)するし、

　また土砂(どしや)の堆積(たいせき)が多いので、船の交通にはあまり利用されません。しかし、これらの川から引かれた用水路(ようすゐろ)がいたるところに通じ、また各地に貯水池(ちよすゐち)が作られるなど、川水はよく利用され、農業の發達をうながしました。

　西部平野は、農業と商工業が發達し、交通もよく開けてゐますから、本島の住民の大部分はここに集り、主な都市もこの方面に分布(ぶんぷ)してゐます。

さたうきびの收穫

　**米と砂糖(さたう)と茶**　氣溫が高く雨の多い臺灣では、農業がよく發達し、本島第一の産業となつてゐます。米とさたうきびの産額(さんがく)がいちばん多く、いづれも西部平野が主産地です。米は年に二回取れ、朝鮮の米と同様に、内地へたくさん送られます。本島の代表的(だいへうてき)な作物(さくもつ)であるさたうきびは、

主に中部・南部の平野に栽培(さいばい)され、嘉義(かぎ)・臺中(たいちゆう)・屏東(へいとう)を始め、各地に大きな製糖(せいたう)工場があります。砂糖は本島第一の工産物で、近年その産額が大いに増加し、多く内地や朝鮮へ送られます。今ではわが國全體で使用するだけの砂糖を、臺灣で産出するやうになりました。

北部の丘(をか)には、茶が盛んに栽培され、臺北(たいほく)その他で精製され、たくさん輸出(ゆしゆつ)されます。さつまいもは、年中いたるところで栽培され、米に次ぐ大切な食料です。

バナナ畠

このほか、いろいろな熱帯性の果物(くだもの)を産し、内地や朝鮮へたくさん送られます。特にバナナとパイナップルが有名です。

　臺灣の農業にとつて大切な家畜(かちく)は、水牛(すゐぎゆう)です。からだが強健(きやうけん)で、耕作(かうさく)にも、物を運ぶのにもたいそう役立ち、殊に水田(すゐでん)の耕作に適(てき)してゐます。

水　牛

　なほ、豚(ぶた)は肉用として島民の生活に缺(か)くことのできない家畜で、ほとんど各戸(かくこ)に飼はれ、その頭數(とうすう)は朝鮮よりもずつと多いのです。

　臺灣は、近年道路も鐵道も大いに發達し、西部平野には、本島をたてに通じる鐵道の幹線(かんせん)があり、また、その支線もたくさんあります。

　基陸は臺灣の門戸(もんこ)で、內地との交通の最も盛んな港です。附近には、石炭や金の產地があります。

臺 灣 神 社

臺北の市街

　臺北は人口が約三十三萬で、臺灣總督府(そうとくふ)のある本島第一の都市です。陸上交通の要地であるばかりでなく、航空路(かうくうろ)の一中心地となつてゐます。交通が便利なため、商工業もよく發達してゐます。市の北部には、臺灣神社がおまつりしてあ

ります。臺北から南の平野には、鐵道幹線に沿うて、新竹(しんちく)・臺中・嘉義・臺南(たいなん)などの都市があつて、それぞれ、その附近の商工業の中心地となつてゐます。海軍要港(えうかう)の高雄は、北の基陸に對する南の主要港(しゆえうかう)で、ここでは、南方諸地方との交通が盛んです。

　　**高い山々**　西部平野から東の方へ行くに隨(したが)つて、土地は次第(しだい)に高くなり、南北に連なる山脈がいくつも並んで、けはしい山地をなしてゐます。三千米以上の山が何十とかぞへられるほどあつて、中には富士山よりも高い山々があり、殊に、高さ三千九百五十メートルの新高(にひたか)山は、わが國第一の高山(かうざん)であります。

新高山附近

　熱帶植物の茂(しげ)る平地から高い山地へ進むにつれて、植物も種類が變化して行きます。山地には廣い森林(しんりん)があつて、大きなひのきやくすのきなどが、いたるところに見られます。阿里山(ありさん)を始め、各地からひのきの良材(りやうざい)が盛んに伐(き)り出され、鐵道で平地へ運ばれてゐます。隨つて製材業も各地に興(おこ)り、中でも嘉義には、大きな製材所があります。くすのきからは樟腦(しやうのう)及び樟腦油が製造され、世界的に名高い產物となつてゐます。また、大きな竹を產し、いろいろな材料に使はれる大切な林產物の一つです。

　東海岸は平野が少く、交通もまだいつぱんに便利ではありませんが、北部には基隆からのびた鐵道があり、また花蓮港(くわれんかう)と臺東(たいとう)との間にも鐵道が通じてゐます。

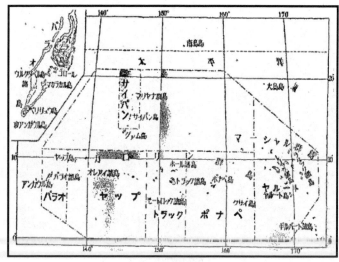

南　洋　群　島

**澎湖(はうこ)諸島**　澎湖諸島は、臺灣海峽(かいけふ)にある岩の多い低い島々で、そのうちでいちばん大きい島が澎湖島です。澎湖島は、海岸線の出入が多く、西側にある馬公(まこう)は良港で、海軍の要港となつてゐます。

**南洋群島**　わが南洋群島は、カロリン・マーシャル・マリヤナの諸群島から成り立つてゐるたくさんの島々です。

この群島は、全部熱帯にありますから、いはゆる常夏(とこなつ)の氣候で、四季(しき)の區別がありません。氣溫は年中高いのですが、いつも海風が吹く上に雨が多いので、わりあひにしのぎやすいのです。

土地が狭(せま)く、かつ平地が少いので、もともと産業は發達してゐませんでしたが、わが國が統治(とうち)するやうになつてから、いろいろな産業が興(おこ)つて來ました。中でもさたうきびの栽培は、近年ますます盛んで、製糖業はこの群島第一の産業であります。漁業もちかごろ大いに發達し、かつをぶしがたくさん製造されます。このほか、コプラと燐礦(りんくわう)を産し、これらの産物は、いづれも内地へ送られます。主な島々と内地との間には、汽船が往來(わうらい)し、また定期航空路も開かれてゐます。

この群島を治(をさ)める南洋廳(ちやう)は、パラオ諸島のコロール島にあります。コロール島には、南洋神社がおまつりしてあります。

## 十一　朝鮮

　朝鮮は、日本海(につぽんかい)と黄海(くわうかい)との間に、內地と大陸とをつなぐ橋のやうに、長く南北に伸びてゐる半島であります。面積は二十二萬餘平方キロで、わが國總面積の約三分の一に當り、本州より少し狹いくらゐであります。

朝鮮の位置

　北は滿洲やシベリヤと地つづきで、また北支那や蒙疆(もうきやう)に近く、南は狹(せま)い海峽をへだてて內地と向かひあつてゐます。隨(したが)つて、わが國と大陸との關係が深くなるにつれて、わが大陸發展(たいりくはつてん)の基地(きち)として大切な役目をつとめるやうになりました。

殊に最近では、二千四百萬にもあまる人々が、その本分(ほんぶん)にはげんでゐますから、文化は進み、産業は勃興(ぼつこう)し、昔とはちがつた新しい生氣(せいき)がみなぎつてゐます。

白頭山頂の天池

朝鮮は、南から北へ行くほど土地が高くなり、北部は廣い高原(かうげん)となつてゐます。國境にある白頭(はくとう)山は、この高原に高く聳(そび)えてゐる火山で、火山の少い半島では、めづらしく大きなものです。山頂にはきれいな湖があります。ここから流れでる鴨綠江(あふりよくかう)は、わが國でいちばん長い川で、滿洲との國境をうねりながら西へ流れて、黄海に注(そそ)いでゐます。また豆滿江(とまんかう)は、滿洲やロシヤとの國境をなして日本海に注いでゐます。

半島のせぼねのやうな大白(たいはく)山脈は、ずつと東側(ひがしがは)にかたよつて、日本海岸に近いところを走つてゐます。この

ため、東海岸は平地に乏(とぼ)しく、交通も不便です。金剛(こんがう)山は、この山脈の中にある景色のすぐれた名山です。このせぼねの山脈からわかれて、南西の方へむかふ小白(せうはく)山脈などは、だんだん低くなつて黄海や朝鮮海峽に沈(しづ)んでゐますから、西部や南部の海岸近くには、平野がひらけ、大同(だいどう)江・漢(かん)江・錦(きん)江・洛東(らくとう)江などの大きな川がゆるやかに流れてゐます。

　西海岸や南海岸は、東海岸とちがつて、海岸線の出入が著(いちじる)しく、その上、附近に大小無數の島々があつて、よい港が多く、交通も便利で產業が開(ひら)け、都市が發達してゐます。南方の海上にある濟州島は、朝鮮地方でいちばん大きな島で、また火山島としても有名です。

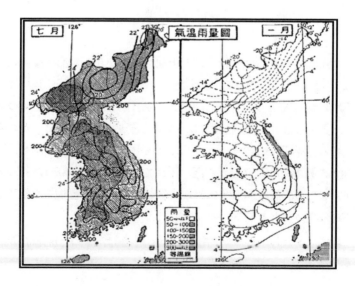

　西海岸は潮(しほ)の満干(みちひ)の差が、わが國で最も大きい地方です。このために、仁川(じんせん)港をはじめ、西海岸の港には、船の出入のために特別のしかけがしてあります。また、西海岸では干拓(かんたく)事業も盛んに行はれてゐます。しかし、東海岸の満干の差はごくわづかです。このやうに、半島の東・西兩岸をくらべると、いろいろな相違(さうゐ)があります。

　朝鮮半島は、滿洲の南に續く大陸の一部ですから、日本列島にくらべると、寒暑(かんしよ)の差が甚だしくて大陸性の氣候を示してゐます。

　私たちのむらやまちの、夏と冬との氣温の差はどれ程ですか。

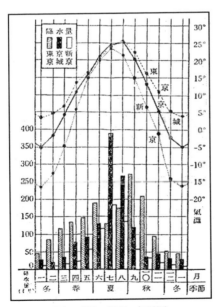

東京・京城・親京の氣候圖

　南と北とではちがひますが、いつぱんに冬の寒さが嚴(きび)しく、また冬の期間の長いことは朝鮮の特色です。中部以北では、川に厚い氷がはつて、その上を荷車(にぐるま)が通れるやうになります。

　このやうに寒さが嚴しいため、私たちの生活には冬向(ふゆむ)きのものが多く、おんどるはそのよい例です。なほ、冬季には三寒四溫(さんかんしおん)といつて寒い日の間に割合(わりあひ)に暖かい日がはさまりますので、しのぎやすく思はれます。

　雨は、南東季節風の吹く夏の頃にたくさん降(ふ)つて、その他の季節には極めて少く、雨季(うき)と乾季(かんき)とが、はつきりわかれてゐます。このやうに、雨の降る季節がかたよつてゐる上に、雨量は內地にくらべるとずつと少くなつてゐます。したがつて、農業を盛んにするためには、池や溝(みぞ)をふやして水利(すゐり)事業を盛んにしたり、また、山地に樹木(じゆもく)を育てて、水源地(すゐげんち)をりつぱにすることなどをつとめねばなりません。

　**釜山(ふさん)から京城(けいじやう)まで**　朝鮮の門戸(もんこ)釜山は、れんらく船によつて內地と結(むす)ばれてゐます。鐵道は、釜山から起つて北へ向かひ、大邱(たいきう)・京城・平壤(へいじやう)を通り、新義州(しんぎしう)から鴨綠江の鐵橋を渡つて、對岸の安東(あんとう)に着き、ここで滿洲の鐵道にれんらくしてゐます。今では、釜山からハルピン行や北京(ぺきん)行の直通(ちよくつう)列車があつて、日・滿・支三國を結んで走つてゐます。釜山・京城間を京釜(けいふ)本線、京城・安東間を京義(けいぎ)本線といひ、半島をたてに貫(つら)ぬく幹線(かんせん)であります。

急 行 列 車

　釜山は人口二十五萬、朝鮮第一の貿易港です。特に内地との取引
が多く、下關や博多(はかた)をはじめ、各地との交通がひんぱん
で、水産物の集散も盛んです。

　近時、綿絲・陶器などの製造も行はれてゐます。釜山の西にある
鎭海(ちんかい)は、朝鮮海峽にのぞむ海軍の要港です。馬山(まさ
ん)・晋州(しんしう)などは、地方の中心都市で、附近には統營(と
うえい)・三千浦(さんぜんぽ)などの港があります。

　大邱は、洛東江中流の盆地(ぼんち)にある交通の要地で、農産物
の集散が多く、殊に、附近はりんごの産に富み、大邱りんごとして
有名です。大邱の東にある慶州(けいしう)は、新羅(しらぎ)の舊都
(きうと)で、附近に遺跡(ゐせき)が多く、東海岸には蔚山(うるさ
ん)・浦項(ほこう)などの港があります。

　大邱から金泉(きんせん)を經て、秋風嶺(しうふうれい)の峠をこえると、大田(たいでん)に出ます。大田は、湖南本線の分岐點(ぶんきてん)で、鐵道開通前はさびしい村でしたが、その後急に發達して、この附近の中心地となりました。

實るりんご

　湖南本線は、湖南平野の要地を連(つら)ねて木浦(もつぽ)に至る大切な鐵道です。湖南平野は、錦江(きんかう)や榮山(えいざん)江の流域の沃野(よくや)で、米をはじめいろいろな農産物がたくさんとれます。いたるところに、水利施設(すゐりしせつ)のよく行きとどいた耕地(かうち)がひらけ、また大きな精米所(せいまいしよ)や農業倉庫(さうこ)なども多く見受けられます。

湖南の沃野

　裡里(りり)・全州(ぜんしう)・光州(くわうしう)などは、この平
野の中心都市で、群山(くんさん)・木浦・麗水(れいすゐ)などは、
何れもその門戸として賑(にぎ)はつてゐる港です。

棉のとりいれ

　榮山港流域には、陸地棉(りくちめん)の栽培(さいばい)が盛んで、わが國第一の名があり、木浦はその積出(つみだし)港として聞えてゐます。また、遠淺(とほあさ)で、潮(しほ)の滿干(みちひ)の差の大きい南西部の海岸では、海苔(のり)の養殖(やうしよく)がたいそう盛んに行はれ、內地へも多く送られてゐます。

海苔の養殖

　錦江に沿うた公州(こうしう)と扶餘(ふよ)は、ともに百濟(くだら)の舊都で、扶餘には扶餘神宮が御造營(ござうえい)中であります。錦江上流の淸州(せいしう)には、忠淸北道廳(ちゆうせいほくだうちやう)があります。

　京釜本線は、大田から北上して、水原(すゐげん)を經て京城に達します。

　京城は、漢江(かんこう)の下流の盆地を中心として發達し、今では人口百萬をこえるわが國屈指(くつし)の大都市です。

朝 鮮 神 宮

　まちの中央にある南山には、朝鮮神宮がおまつりしてあつて、いつも參拜の人がつづいてゐます。朝鮮總督府(そうとくふ)をはじめ、朝鮮軍司令部(ぐんしれいぶ)・高等法院(かうとうはふゐん)・朝鮮銀行(ぎんかう)などがここに集つてゐますから、京城は朝鮮に於ける政治・軍事・經濟(けいざい)などの大中心地です。また、帝國大學その他いろいろな學校があり、博物館(はくぶつくわん)・圖書館(としよくわん)などもあつて、學問の中心地ともなつてゐます。

　　鐵道では、京釜・京義の兩線をはじめ、京仁(けいじん)・京慶(けいけい)・京元(けいげん)・京春(けいしゆん)などの諸線が集つてゐます。また飛行場があつて、內地・滿洲・北支方面へ航空路が通じてゐます。

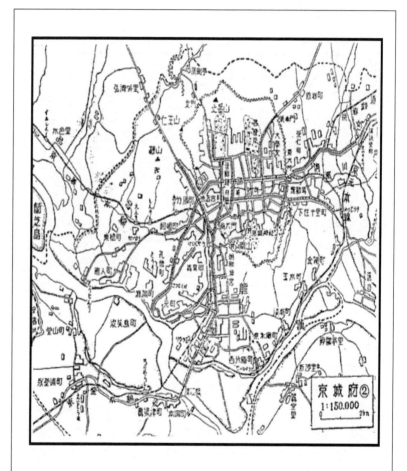

　近年工業も盛んとなり、ことに漢江の南岸から京仁線に沿うて、紡績(ばうせき)・皮革(ひかく)・ゴム・機械・ビールなどの大小の工場が立ち並んでゐます。

　京城の港として發達した仁川は、京城の西、凡そ四十キロのところにあります。內地・滿洲及び支那との取引が多く、釜山についで

朝鮮第二の港となつてゐます。港は潮(しほ)の滿干(みちひ)の差が大きいので、閘門(かふもん)をまうけて、干潮(かんてう)の時でも、船が自由に出入できるやうにしてあります。

鹽 の 山

附近の海岸には、遠淺(とほあさ)を利用した鹽田(えんでん)がずつと續いてゐます。その中心は朱安(しゆあん)です。製鹽法は、臺灣と同樣な天日(てんぴ)製鹽です。鹽田はこの附近のほか、西海岸の各地にありますが、中でも鎭南浦(ちんなんぽ)に近い廣梁(くわうりやう)灣や貴城(きじやう)の鹽田は有名です。

春川(しゆんせん)は、漢江中流の盆地にあつて、江原(こうげん)道廳があります。

**京城から新義州(しんぎしう)まで** 京城から安東へ向かふ京義本線に沿うて北へ進むと、開城(かいじやう)・平壤・新義州などの都市があります。

朝　鮮　人　蔘

　開城は朝鮮人蔘(にんじん)の産地として、名高いところです。人蔘は朝鮮の特産物(とくさんぶつ)で、支那や南洋方面へも送られてゐます。

　開城の北にある黄州(くわうしう)は、南の大邱とともにりんごの産地として有名です。附近の兼二浦(けんじほ)には、大きな製鐵所があります。兼二浦の南には、載寧(さいねい)・殷栗(いんりつ)などの鐵山がいくつもあつて、鐵鑛は兼二浦で製錬されるほか、八幡(やはた)の製鐵所へもたくさん送られます。

　海州(かいしう)は、黄海(くわうかい)道廳のあるところで、最近工業も次第におこつてきました。沿岸一帯(いつたい)では水産業が盛んで、ここでとれるぐちは、東海岸のめんたいとならんで有名です。延坪(えんぺい)島はぐち漁業の中心地です。

　平壤は、大同江の下流にある廣い平野の中心地で、人口約三十萬、京城につぐ朝鮮第二の都市です。ここは、古くから開けたとこ

ろですが、附近に石炭や鐵鑛の産地があり、その上交通の便もよいので、最近工業都市としてめざましく發展してゐます。

石炭の増産

鎭南浦は、平壤の港として發達したところです。また、大きな製錬所があつて、銅・鉛(なまり)・銀・金などの製錬が盛んに行はれてゐます。

鴨緑江の川口(かはぐち)に近い新義州は、川をへだてて、滿洲の安東に向かひあひ、國境(こくきやう)の町として大切なところです。鴨緑江は、川口が淺くて交通上不便ですから、多獅(たし)島に鐵道を通じ、また新しい港をつくつてこの不便を補(をぎな)はうとしてゐます。

鴨緑江の下流水豐(すゐほう)附近では、川の流をせきとめて大規模(だいきぼ)な發電所が建設され、豐富な電力は、朝鮮內はいふに及ばず滿洲にも送られて、たいそう役立つてゐます。なほ、鴨緑江流域では、各地で發電の計畫が次々に進められてゐます。

　また鴨緑江上流には、てふせんからまつをはじめとして、見事な森林が茂(しげ)つてゐますから、流域には製材・パルプ・製紙などの工場があります。

鴨緑江の堰堤(えんてい)

　京義本線から分れて、國境の町滿浦(まんぽ)に向かひ、更に、滿洲の鐵道にれんらくする滿浦線や、同じく水豊に至る鐵道などは、何れも地方開發上たいせつなつとめを果してゐます。

　**京城から羅津(らしん)まで**　京城から北東へ向かふ鐵道は、高原や山地を横ぎつて、日本海岸の元山(げんざん)に出て、更に海岸地帯を北へ進み、國境の町會寧(くわいねい)や上三峯(かみさんぼう)を經て、羅津に達してゐます。京城から元山までを京元本線、元山から上三峯までを咸鏡(かんきやう)本線、上三峯から羅津までを北鮮線(ほくせんせん)と呼んでゐます。北鮮線は滿鐵(まんてつ)が經営(けいえい)してゐます。

鴨綠江上流の美林

この地方は、久しく産業や交通がふるはず、文化もおくれ、裏(うら)朝鮮といはれてゐました。ところが、最近各種の産業が勃興(ぼつこう)し、あまたの都市が日毎に發展をつづけ、その面目(めんぼく)を一新(いつしん)するやうになるました。

　元山・城津(じやうしん)・清津(せいしん)・羅津などは、沿岸の主な港で、この地方の門戸としての役目をつとめてゐるばかりではなく、内地側の新潟(にひがた)・伏木(ふしき)・敦賀(つるが)・境(さかひ)などの諸港とれんらくして、日本海に於ける交通の大中心となつてゐます。殊に、清津や羅津は、内地と滿洲とをつなぐなかつぎ地としても重要なところです。内地と大陸との關係が深くなり、日本海が大切な海となつたので、これらの港の地位(ちゐ)はいつそう重くなりました。この地方が、滿洲國の成立後、急にめざましい發展をとげたことも、理由のあることです。

　茂山(もさん)や利原(りげん)をはじめ、各地に鐵鑛を産し、また會寧附近や北鮮線沿線などの咸北(かんぼく)炭田からは、石炭が豐

富に掘り出されるので、工業も盛んに行はれてゐます。興南(こうなん)の窒素肥料(ちつそひれう)製造や製錬(せいれん)業、城津の製鐵、マグネサイト工業、吉州(きつしう)のパルプ製造、清津の製鐵、永安(えいあん)・阿吾地(あごち)の石炭液化(えきくわ)工業などはその名が聞えてゐます。

窒素肥料工場の内部

さうして、このやうに大工業が勃興したのは、大規模な發電が行はれるやうになつてからのことであります。

北部の廣い高原(かうげん)は急な崖(がけ)を見せて東部にのぞんでゐます。高原の上には鴨綠江の上流の諸川が北へ流れてゐます。これらの諸川を、途中(とちゆう)でせきとめて、大きな湖(みづうみ)をつくり、この水を、急な崖を通じて東部の低地におとし、そこに大規模な發電所を設(まう)けたのです。

　興南は、この發電事業が行はれるまでは、ごく小さな漁村(ぎよそん)にすぎなかつたのです。しかし、その後僅(わづ)か十數年の間に急に發達して、今では人口十數萬の都市となり、咸鏡(かんきやう)南道廳のある咸興(かんこう)とともに、日毎に發展を續けてゐます。それにしても、このやうな地形を發電に利用した人々の苦心と努力とを忘れてはなりません。

　高原地帶(ちたい)では農業も行はれてゐますが、寒いところにできるじゃがいもや燕麥(えんばく)などが主な産物です。

　日本海岸には、寒流や暖流が流れてゐますから、水産業が盛んで、いわし・めんたい・にしん・かになどが多くとれます。いわしは食料になるほか、油をとる原料にもなつてゐます。めんたいの産額はこの地方がわが國第一です。これらの中心は淸津で、漁期になると漁船の出入で賑(にぎは)ひます。

めんたい乾場

　**穀倉(こくさう)朝鮮**　農業は昔から朝鮮の最も重要な産業で、これに從事(じゆうじ)してゐる戸數(こすう)は全體の約七割にも及んでゐます。米は農產物の中でいちばん大切ですが、南部から西部の平野にかけて多く栽培(さいばい)され、京釜本線や湖南本線の走る地方が中心で、沿線(えんせん)の諸都市では、米の取引が盛んです。

　米は朝鮮內で消費(せうひ)されるばかりでなく內地へも送られ、また滿洲や北支那などへも積出(つみだ)されます。釜山・群山・仁川などは、米の積出しの盛んな港です。

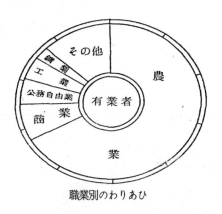

職業別のわりあひ

　內地でも米はたくさんとれますが、人口が多いので、內地產の米だけでは不足してゐます。それで、今では、朝鮮をはじめ、臺灣や南方の諸地方から供給(きようきふ)してゐます。中でも、朝鮮は米の產額が多く、內地との距離(きより)もいちばん近いので、他の地方にくらべて最も大切な米の供給地となつてゐます。

　米のほか、麥・豆・粟(あは)などもたくさんとれます。

麥類では、大麥・小麥・はだか麥などが主なものです。北部では
だいたい春まきが多く、中部以南では秋まきが多いやうです。豆類
では大豆(だいづ)が多く、各地で栽培され、內地へも送られて、主
な移出品(いしゆつひん)の一に數へられてゐます。粟は北部に多
く、麥類とともに、主な食料となつてゐます。またじやがいも・さ
つまいもなども大切な作物です。

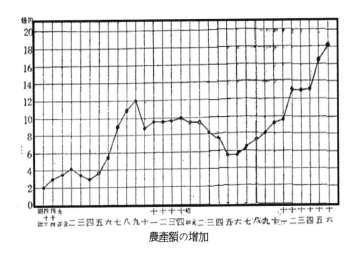

農産額の増加

戦時下(せんじか)では、食料の確保(かくほ)が必要ですから、食
用作物(さくもつ)の増産には特に力を注(そそ)がねばなりません。

この他、果實・棉花・麻なども盛んに栽培されてゐます。

耕作(かうさく)には主として牛が使はれてゐます。性質がおとな
しく、たいそうよく働きますから、いたるところで飼(か)はれてゐ
ます。處々(しよしよ)に牛市(うしいち)がたつて取引され、また、

内地や滿洲へもおくられて、耕役(かうえき)や肉用として役立つてゐます。

牛　市　場

このやうに、朝鮮の農業は重要な意義(いぎ)をもつてゐるのですが、旱魃(かんばつ)や洪水(こうずゐ)などのために、著しく不作になることが屢々(しばしば)あります。

朝鮮で農作物がとれない時には、ただ朝鮮に住んでゐる人々が困るのみではなく、内地や滿洲にも影響(えいきやう)します。私たちは、わが國のために、東亞のために、朝鮮が穀倉としての使命を十分に果すことができるやうにつとめませう。

そのためには、私たちの工夫と努力とによつて、耕地をひろげ水利施設を整へ、或は耕種法(かうしゆはう)を改善することなどを、いつそう盛んに行はねばなりません。

**石炭と鉄**　朝鮮の地下には各種の資源が豊かにありますが、なかでも大切なのは石炭と鐵であります。

石炭には褐炭(かつたん)と無煙炭(むえんたん)とがあります。褐炭は咸北(かんぼく)炭田に最も多く、燃料(ねんれう)として用ひられるほか、人造(じんざう)石油の原料にもなつてゐます。しかし、なんといつても、朝鮮の石炭で特色のあるのは、無煙炭です。無煙炭は、平壤・三陟(さんちよく)・和順(わじゆん)などの諸炭田をはじめ、各地に埋藏(まいざう)され、その量は十數億トンに達してゐます。

無煙炭は、火力(くわりよく)がたいへん強く、發電その他に適してゐますが、今まではいつぱんにあまり用ひられてゐませんでした。しかし、これからは、工場でも家庭でも、この豊富な無煙炭を、どしどし活用(くわつよう)するやうにつとめねばなりません。

鐵鑛の露天堀り

鐵鑛の產額は內地をしのいでゐます。殊に北部には大鑛床(くわうしやう)も發見され、盛んに採掘をはじめてゐますから將來有望

です。鐵鑛は、朝鮮內の各地の製鐵所で製錬されてゐるほか、一部は內地へも送られてゐます。

　石炭や鐵のほか、黑鉛(こくえん)・タングステン・マグネサイト・水鉛(すゐえん)・ニッケル・コバルト・螢石(ほたるいし)・金などの埋藏量も多く、今や朝鮮の地下資源の開發は大東亞建設のため大切な意義を持つやうになりました。

　**工業の発達**　昔は手織物や小規模な製陶(せいたう)・製紙(せいし)・醸造(じやうざう)などが、だいたい農業の副業(ふくげふ)として營(いとな)まれてゐました。しかし、今日では、工産額は農産額をしのぐほどの勢を示し、工業は、農業とともに最も重要な産業になりました。

木造船の建造

　北鮮・西鮮・京仁(けいじん)などの工業地帯をはじめ、各地に大規模な工場が建設され、化學・食料品・紡織・金屬・造船など各種の工業が盛んに營まれてゐます。中には、その産額がわが國第一といはれるものもあります。

　圖表(づへう)によつても、工業の躍進(やくしん)のさまをうかがふことができます。

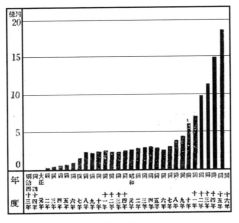

工産額の増加

　農業や鑛業をはじめ、諸種の産業は日を逐うて盛んになつてゐますし、また電力の開發もめざましく、その上、位置に惠(めぐま)れ、交通も便利になつてきましたので、工業の將來はまことに有望(いうばう)です。

　**朝鮮の躍進(やくしん)**　私たちのむらや町の昔と今とのやうすを老人にたづねると、その姿が見ちがへる程、立派(りつぱ)になつたと答へるでせう。

　　山は茂(しげ)り耕地は整ひ、各地に都市が勃興(ぼつこう)し、產業も交通も昔にくらべて、すつかりその面目(めんぼく)を改めました。

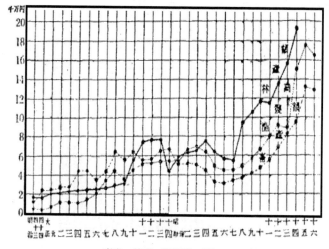

畜產・林產・漁獲高の增加

　　圖表によつても、この三十數年間の躍進のあとが明(あきら)かです。

　　今や朝鮮は、わが大陸發展の基地として、また數々の資源を備(そな)へて、戰ふわが國の力の重要な一翼(いちよく)をになつてゐるのです。そして、このやうな躍進は、實に御稜威(みいつ)の下、歷代朝鮮總督(そうとく)をはじめ、指導の任にある人が、正しい立派な指導をなし、また、これにこたへて、人々が日夜(にちや)熱心に努力しつづけてきたからです。

　私たちは、朝鮮が今日のやうに輝(かがや)かしい發展をとげたわけを深く心にきざみ、朝鮮がわが國の大陸前進基地(せんしんきち)としての使命(しめい)を完全(くわんぜん)に果(はた)しうるやうにいつそうはげみませう。

# 十二　關東州(くわんとうしう)

　關東州は、滿洲の南、遼東(れうとう)半島の南部を占めてゐます。面積はせまいのですが、その位置は、滿洲や支那に對して非常に大切なところにあります。

　州內には、いたるところ傾斜(けいしや)のゆるやかな岡が起伏(きふく)してゐますから、平地が少いのです。しかし、海岸線の出入が多く、各地に灣があり、大連(だいれん)・旅順(りよじゆん)の二港もそれぞれの灣にのぞんでゐます。

　冬は海岸がたいてい凍(こほ)りますが、大連・旅順は不凍港(ふとうかう)です。雨が少く晴天(せいてん)が續きますから、沿岸各地の砂濱では、天日製鹽(てんぴせいえん)が盛んで、朝鮮や內地へたくさん送つてゐます。

大連の市街

　平地は少いながら、農業はよく行はれ、たうもろこし・かうりやん・落花生(らくくわせい)などを産します。工業も、大連を中心として近年非常に發展し、いろいろな工場がありますが、これは、この地が原料や製品の輸送(ゆそう)に便利だからです。關東州が交通上すぐれた位置にあることは、大連がこれを代表(だいへう)し、また軍事上大切であることは、旅順がこれをよく物語(ものがた)つてゐます。

　大連は人口六十六萬で、關東州廳(ちやう)のあるところです。關東州の大きな都市は、いはばここだけで、滿洲の表玄關(おもてげんくわん)にあたる海陸交通の要地を占めてゐます。滿洲の大豆・豆かす・石炭・鐵鑛などの主な輸出品や、機械・織物・麥粉などの輸入品は、たいていここを經て、主としてわが國との間に取引されてゐます。

　港の設備(せつび)がよくととのひ、內地を始め、朝鮮・支那などの諸港との間に、船の往來(わうらい)がひんぱんです。大連は、滿洲をたてに通る鐵道の幹線の起點(きてん)であり、また內地から滿洲や北支那へ行く航空路に當つてゐます。

　旅順は、港の口が狹(せま)く、後(うしろ)は山にかこまれた自然の要害(えうがい)で、わが海軍の要港となつてゐます。附近一帶は、明治二十七・八年及び三十七・八年の兩戰役に名高い戰跡(せき)であつて、高く低く連(つら)なる一つ一つの岡は、わが將兵の尊(たふと)い血に染(そ)まつたところです。

# 十三 大東亞

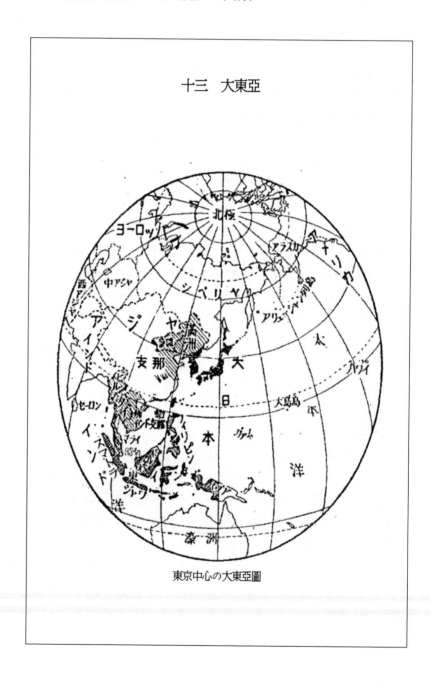

東京中心の大東亞圖

　日出づる國日本の東海岸に、打ち寄せる波は、そのまま續いて、はてしもない太平洋を越え、はるかにアメリカの岸邊(きしべ)を洗つてゐます。同じ波が、北は霧(きり)のアリューシャンに連(つら)なり、南は熱帶(ねつたい)の海を越えて南極(なんきよく)に達(たつ)し、更(さら)にインド洋の荒波(あらなみ)にもつながつてゐるのです。西にはまた、日本海・支那海など、ひとまたぎの内海(ないかい)をへだてて、高山(かうざん)・大平原(だいへいげん)・大沙漠(だいさばく)を抱(いだ)く廣大(くわうだい)なアジヤ大陸が横たはつてゐます。

　日本は、この大海洋と大陸とを結ぶ位置(ゐち)にあつて、一見(いつけん)小さな島國のやうに思はれますが、よく見ると、北東(ほくとう)から南西(なんせい)へかけ、あたかもみすまるの玉のやうにつながり、いかにも大八洲(おほやしま)の名にふさはしい、賴(たの)もしい姿をしてゐます。北へも南へも、西へも東へも、ぐんぐんのびて行く力にみちあふれた姿をしてゐます。

　もともと、わが國は神のお生みになつた尊(たふと)い神國で、遠い昔から開けて來たばかりでなく、今日(こんにち)も、 こののちも、天地とともにきはまりなく、榮えて行く國がらであります。これまで、外國のあなどりを受けたことは一度もありません。遠い昔はいふまでもなく、近くは明治二十七・八年及び三十七・八年の兩戰役によつて國威(こくゐ)を海外に輝(かがや)かし、更に滿洲事變・支那事變から、大東亞戰爭が起るに及(およ)んで、いよいよその偉大(ゐだい)な力を全世界に知らせることができました。

　世界にためしのないりつぱな國がらであり、またすぐれた國の姿をもつたわが國は、アジヤ大陸と太平洋とを連(つら)ねて、大東亞を導(みちび)きまもつて行くのに、最(もつと)もふさはしいことが考へられるのであります。

新京の大同街

　大東亞の國々のうちでも、わが國の西隣りにある滿洲及び支那は、わが國と全く不可分(ふかぶん)の關係(くわんけい)にある大切な國です。ことに、新興の滿洲はめざましい發展(はつてん)をとげ、わが國とはいちばん親(した)しい間がらにあります。大陸の國支那は、土地が廣く、人口も多いせゐか、なかなかまとまりにくい國です。しかし大多數の人々は今やわが國をたよりとし、力を合はせて進んでゐます。

　更に大東亞戰爭以後、昭南島(せうなんたう)を中心として、新に獨立(どくりつ)したフィリピンやまた東インドの島々が力強く大東

亞の建設(けんせつ)に加(くはは)つてゐます。これらの島々の續き
ぐあひはわが國とよく似てをり、その上、熱帶性(ねつたいせい)の
産物や鑛産(くわうさん)が豊(ゆた)かで、いはば大東亞の寶(たから)
ぐらにも當るところです。今までは米・英・蘭(らん)などの國々
が、勝手(かつて)なふるまひをしてゐたので、住民(ぢゆうみん)た
ちは、ひそかにわが國の救(すく)ひを待つてゐたのでした。

フィリピンの火山

　中でも昭南島は、太平洋とインド洋とを結びつける重要な位置に
あるので、大東亞戰爭が始ると、皇軍はすぐ北のマライ半島から攻
め入つて、これを占領し、續いてこれらアジヤ大陸南東の島々から
米・英・蘭の勢(せい)力をいつさい拂(はら)ひのけてしまひまし
た。

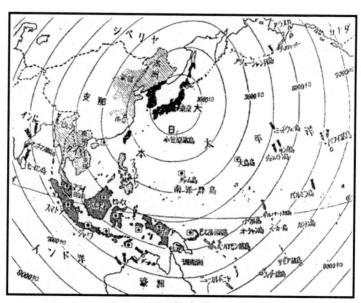

大東亞戰爭の圖

　マライに續くインド支那半島では、眞中(まんなか)にあるタイ國が、大東亞戰爭が始ると、いち早くわが國に力を合はせ、やがて固い同盟(どうめい)を結ぶ間がらとなりました。インド支那の東部地方は、フランスと關係(くわんけい)の深い地方ですが、これも戰爭前からわが味方(みかた)となり、經濟的(けいざいてき)にもわが國としつかり結ばれてゐます。また西部地方のビルマは、わが國の攻略(こうりやく)によつて、全く英國の勢力が拂ひのけられ、再び獨立の國家をうちたてました。住民はわが國を非常に信賴(しんらい)し、進んで大東亞の建設(けんせつ)に協力(けふりよく)してゐます。

マンダレー入城とビルマ人の協力

　インド支那の西にあるのが、廣大(くわうだい)なインドです。長い間英國の領地となり、多くのインド人は、あはれな生活を續けて來ましたが、今やかれらにも、めざめるのによい機會がやつて來たのです。わが國の勢力はすでにインド洋へ及(およ)んでゐますから、やがてインド人も、西アジヤの人々とともに、アジヤの民(たみ)としての本然(ほんぜん)の姿に立ち歸る日が來るでありませう。

　日本と滿洲の北には、廣いシベリヤの寒冷(かんれい)な地方があり、南樺太に續く北樺太とともに針葉樹(しんえふじゆ)の大森林がひろがつてゐます。またシベリヤ東部の海は、わが北洋(ほくやう)の漁場で、寒流性(かんりうせい)の魚(さかな)がたくさん取れます。千島列島の北東(ほくとう)には、北洋の中心カムチャッカ半島

があり、更にアリューシャンの島々が、じゆずつなぎになつてアラスカへ續き、更にカナダ・米國方面へ連絡(れんらく)してゐます。

わが北洋の漁業

　太平洋には、所々(しよしよ)に小さな島々が、たくさん散らばつてゐますが、中には、眞珠灣(しんじゆわん)の大爆撃(だいばくげき)で名高いハワイや、わが大鳥島(おほとりじま)などのやうに、きはめて大切な地點が少くありません。

　南太平洋の一方、わが東インド諸島の隣(とな)りにある濠洲(がうしう)は、大きな土地で、羊毛(やうまう)や小麥のたくさん產るところですが、その南東にあるニュージーランドとともに、人口はいたつて少い地方です。これらはまだ大東亞建設の眞意(しんい)を知

らず、いたづらに米國や英國をたよつて、反抗(はんかう)を續けて
ゐます。

　昭和十八年十一月、帝都東京に開かれた大東亞會議(くわいぎ)に
は、わが國をはじめ、滿洲・支那・タイ・ビルマ及びフィリピンな
ど、大東亞諸國の代表がことごとく參會(さんくわい)しました。そ
して、大東亞の總力(そうりよく)を集めて、大東亞戰爭の完遂(くわ
んすゐ)に邁進(まいしん)することを固く盟(ちか)つたのでありま
す。大東亞建設の大業は、今やわが國の指導の下に、大東亞の人々
の手によつて日を逐(お)うて進められてゐます。

# 十四 滿洲

朝鮮と隣り合つて、わが國とはまるで親子のやうな間がらにある國が滿洲です。その國境をながめると、北東から北へかけて、シベリヤとの境が長々と續き、一部分のほかは、およそ川によつてへだてられてゐます。すなはち、北の方には黑龍江(こくりゆうかう)があり、北東にはその支流のウスリー江があります。北西の方は、興安嶺(こうあんれい)の西側にあたるホロンバイル高原から外蒙古(そともうこ)に續き、ノモンハンは國境の近くにあります。南西には熱河(ねつか)地方があり、興安嶺によつて蒙疆(もうきやう)と境(さかひ)してゐます。また北(きた)支那とは、萬里(ばんり)の長城(ちやうじやう)によつてしきられてゐます。海にのぞんでゐるのは南の一部だけで、そののど首のところにわが關東州があり、大連(だいれん)はその出入口(でいりぐち)であります。

黑河の町と黑龍江

　滿洲は、およそ北緯(ほくゐ)四十度から五十度にまたがつてゐますから、北海道や樺太と同じぐらゐの緯度にあり、新京(しんきやう)は札幌(さつぽろ)よりも少し北に當つてゐます。

　**平原の國・大陸性の気候**　滿洲は、大平原を眞中(まんなか)にひかへ、わが國の二倍ほどもある國で、全體の形は、大きな菱形(ひしがた)を思はせます。大平原の南には遼河(れうが)が流れ、北には黑龍江の支流の松花江(しようくわかう)や、嫩江(のんかう)が悠々(いういう)と流れてゐます。これらの流域(りうゐき)は、全くひと續きの平原になつてゐて、遼河の流域を南滿(なんまん)といひ、松花江・嫩江などの流域を北滿(ほくまん)といつてゐます。朝鮮との境には鴨綠江(あふりよくかう)と豆滿江(とまんかう)が流れ、この附近は山地が續き、平野は見られません。

　大陸の一部であることと、海のえいきやうが少いこととで、氣候は大陸性(たいりくせい)の特色をあらはしてゐます。

氷上の輸送

　新京の冬は、一月の平均氣溫が零(れい)下十七度ぐらゐにくだりますが、札幌は零下六度ぐらゐです。しかし、滿洲の冬はよい天氣が續き、いつぱんに明るい感じがします。夏になると、こんな北にあるのにかなり暑く、札幌よりも高溫であります。

　雨は、一年のうちで夏がいちばん多いので、農産物の生育(せいいく)によく適してゐます。しかし、いつぱんに滿洲は雨が少く、新京の雨を京城に比較しますと、二分の一ぐらゐしか降りません。西の方へ行くに隨つてますます雨は少く、つひに草原や沙漠(さばく)さへ見るやうになります。

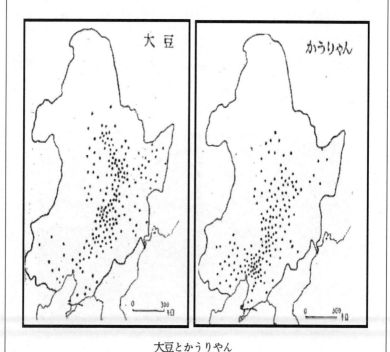

大豆とかうりやん

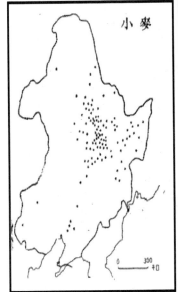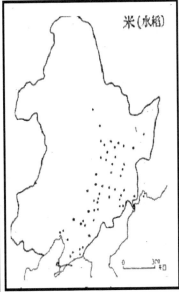

小麥と米

　大豆とかうりやん　滿洲は世界一の大豆の產地で、全滿の平原に分布してゐますが、これは氣候や地味(ちみ)が大豆に適してゐるからです。かうりやんは、北滿よりも南滿の方が少し多く、これが育つと、丈(たけ)が高くのびて畠の見通しがききません。大豆は、主にわが國その他へ輸出しますが、かうりやんはほとんど國內で使ひます。大豆や豆油(まめあぶら)は、わが國人の食料(しよくれう)となり、また、工業方面でいろいろ役だちます。また、豆油をとつたあとの豆粕(まめかす)も、肥料として大切であります。

大豆の積み出し

　このほか、粟(あは)・たうもろこし・小麥なども多く取れます
が、小麥は雨の少い北滿に、たうもろこしは主に南滿に產します。
米は朝鮮出身者の多い滿洲の東部に多く、最近では、わが開拓民
(かいたくみん)の手で、樺太と同緯度の邊(べん)にまで作られるや
うになりました。綿は南の方でなければ產しません。

　滿洲の西の方には、草原がひろがつてゐて、羊を飼(か)ふ住民の
群(むれ)がところどころに見られ、大切な羊毛(やうまう)の產地と
なつてゐます。

　朝鮮との境に近い山地や、北滿の山地には、てうせんまつ・てう
せんもみ・てうせんからまつなどの森林があつて、次第に伐(き)り
出されてゐます。關東州に續く海岸の鹽田(えんでん)も重要であり
ます。

撫順の露天掘り

　　**石炭と鉄**　　石炭は滿洲の地下にある大切な資源(しげん)の一つ
で、約二百億トンもあるものと見積(みつも)られてゐます。撫順(ぶ
じゆん)の露天掘(ろてんぼり)は、鞍山(あんざん)の製鐵とともに、
日本人のすぐれた技術(ぎじゆつ)を示すものとして有名です。この
ほか、阜新(ふしん)・鶴岡(つるをか)・密山(みつざん)などの大炭
田が續々(ぞくぞく)見出(みいだ)されてゐます。鐵山は、鞍山(あん
ざん)・本溪(ほんけい)附近・東邊道(とうへんだう)方面などにあつ
て、滿洲全體では、約三十億トンもあるといはれてゐます。鞍山の
鐵は、よい鑛石ではありませんが、りつぱに製鐵することができる
やうになりました。このほか、人造石油・マグネシューム・アルミ
ニュームも作り出され、金・銀・砂金なども產します。

炭田・鐵山・山金

　このやうに、滿洲には石炭や鐵が多く、また鴨緑江・松花江・鏡泊湖(きやうはくこ)などの水力發電も盛んになつて來ましたので、種々の工業が、奉天(ほうてん)を始め、南滿の各地に興つて來てゐます。

　**日満の連絡(れんらく)**　東京から新京へ行く路を地圖でしらべませう。まづ、東海道本線及び山陽本線を經て、關釜連絡船(くわんぷれんらくせん)で釜山(ふさん)にあがり、汽車で朝鮮を南から北へ走つて、安東(あんとう)から滿洲へはいる路があります。次に、日本海を渡り、北朝鮮の港を經て、新京へ行く路があります。このやうに朝鮮を通つて行くのが主な路ですが、いま一つ、門司から船で

大連まで行き、そこから滿洲へはいる關東州經由(けいゆ)の路もあ
ります。

あ じ あ 號

　東京から新京まで、釜山を經由するものは五十五時間、他の二つ
は大體七十時間です。航空機によると、直通(ちよくつう)航路は六
時間ぐらゐで着くことができます。

　滿洲の鐵道は、わが滿鐵(まんてつ)、すなはち南(みなみ)滿洲鐵
道株式會社が全部を經營(けいえい)してゐます。これは、明治三十
七・八年戰役後間もなく、大連から新京までの鐵道、そのほかいろ
いろな經營を引受けひと通りでない苦心によつて、今日の基礎(き
そ)をつくりあげたものです。大連から新京まで七百キロを、九時
間半で走る特急あじや號は、速(はや)いのと乘心地(のりごこち)の
よいのとで有名です。

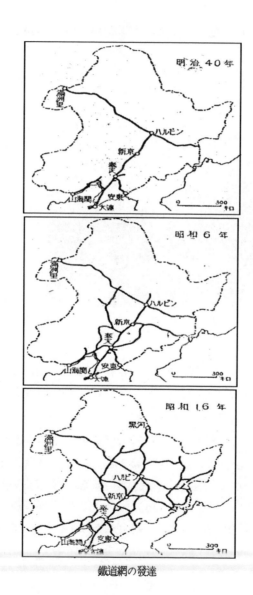

鐵道網の發達

**新京と奉天** 滿洲の主な都市が、交通と深い關係のあることは、地圖を見てもわかります。奉天・四平(しへい)・新京・ハルビン・吉林(きつりん)・牡丹江(ぼたんかう)・チチハル・錦縣(きんけん)などは、よい例でせう。中でも、三月十日の大會戰で名高い奉天は、南滿洲の中心地であり、今では盛んな商工業都市として發達し、いはば滿洲の大阪に當るものとなりました。舊城(きうじやう)内と、わが國人の作つた新市街と、工場の多い地

區との三つから成り、人口約百二十萬を數へてゐます。

奉天驛前通り

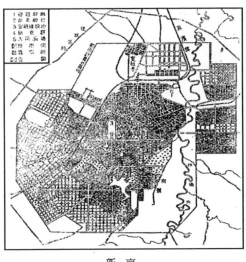

新京

新京は滿洲の首府で、全滿の中心に當り、政治の都であつて、交通も便利です。滿洲國皇帝(くわうてい)はここにおいでになり、わが全權大使(ぜんけんたいし)もここにゐます。

昔、長春(ちやうしゆん)といつたのが、わが國の技師によつて新しく都市計畫(けいくわく)がほどこされ、その規模(きぼ)は世界でもあまり例のないほどりつぱなものです。

今の新京と十年前の新京

ハルピンは北滿の中心地で、夏はここから松花江を汽船でくだることができ、冬は氷上(ひようじやう)の輸送も行はれます。安東と圖們(ともん)は朝鮮との境にある、いはば滿洲の陸の人口であり、營口(えいこう)は遼河(れうが)の川口(かはぐち)にある滿洲らしい町です。熱河(ねつか)地方には承德(しようとく)があつて中心地と

なつてゐます。滿洲里(まんしうり)や黑河はジベリヤとの境にある町で、交通上・軍事上大切なところです。

**滿洲の住民と我が開拓民(かいたくみん)**　滿洲には、四千三百萬の人々が樂しく生活してゐますが、その大部分は滿人で、最近(さいきん)百年ぐらゐの間に、北(きた)支那方面から移住(いぢゆう)したものです。昔から滿洲に住んでゐた人たちは、二百六七十萬人で、東部に多く、蒙古人は大體西部に住んでゐます。

開拓民の家

　日本人は、おほよそ內地人八十餘萬、朝鮮人百五十萬を數(かぞ)へます。特に農業方面では、將來二十年間に、內地人五百萬人の開拓民を送る計畫であり、それがどしどし實行されてゐます。滿洲國のできた昭和七年、松花江の川べりにある佳木斯(ちやむす)の附近に第一次(だいいちじ)の開拓民を送つた後次々に開拓民を送り、非常な苦心の末、今ではりつぱな開拓村が各地に建設(けんせつ)されてゐます。

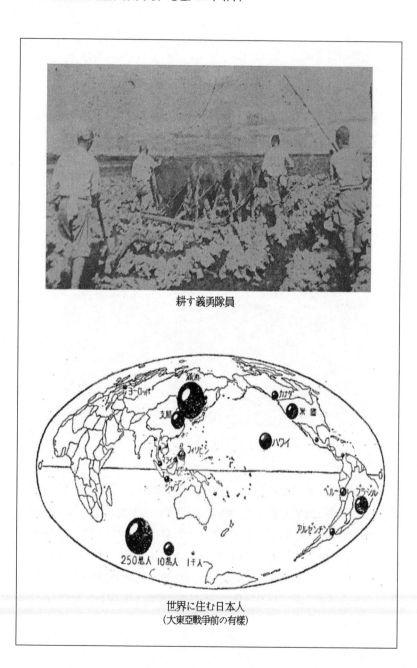

耕す義勇隊員

世界に住む日本人
（大東亞戰爭前の有樣）

　開拓民のほかに、昭和十三年からは、國を思ふ元氣な內地の靑少年が毎年勇ましく渡滿(とまん)して、滿洲開拓靑年義勇隊(ぎゆうたい)に入隊し、約三年間現地(げんち)においての實地訓練を受けてから、開拓民の中心となつて活動するのです。朝鮮から移住して水田をひらいたり、大豆を作つたりして活動してゐる開拓民は、間島(かんたう)省を中心にして東部滿洲に多いのです。しかし、內地からも盛んに移住してゐることを思ふと、朝鮮は、滿洲と地つづきであり、風土(ふうど)も滿洲とよく似てゐるので、もつともつと多くの移住者を送らねばなりません。

わが開拓民の分布

　　**滿洲國の生ひ立ち**　　滿洲は、昔からわが國と關係が深かつたので
すが、ロシヤが南下して滿洲をふみにじり、朝鮮をおびやかしたの
で、わが國は東洋平和のためにををしく立ちあがりました。かうし
て起つた明治三十七・八年戰役において、忠勇な十萬の將兵を失
ひ、莫大(ばくだい)な國富(こくふ)をつひやして、ロシヤを北の方
へ追ひ拂つたのです。その後、支那はあやまつた抗日思想(かうに
ちしさう)にとらはれて、我が國をあなどるやうになつたので、昭
和六年九月、滿洲事變が起り、その結果(けつくわ)滿洲國が誕生(た
んじやう)しました。

　その後、この國はわが國と固(かた)い同盟(どうめい)を結び、一
德一心となつて東亞の新建設につとめてゐます。滿洲國皇帝は、建
國神廟(けんこくしんべう)に天照大神をおまつり遊ばし、わが皇室
に深く御親しみになつてゐます。われわれ日本人は、今後いよいよ
眞心(まごころ)をもつて滿洲國人を導(みちび)き、この國の成長を
まもらなければなりません。

附錄

| 都府縣名 | 管轄區域 | 都府縣廳所在地 |
|---|---|---|
| 東京都 | 小笠原群島 伊豆七島 武藏國の一部分 | 東京都 |
| 神奈川縣 | 武藏國の一部分 相模國 | 横濱市 |
| 千葉縣 | 下總國の大部分 上總國 安房國 | 千葉市 |
| 埼玉縣 | 武藏國の一部分 | 浦和市 |
| 群馬縣 | 上野國 | 前橋市 |
| 栃木縣 | 下野國 | 宇都宮市 |

| 府縣名 | 管轄區域 | 府縣廳所在地 |
|---|---|---|
| 茨城縣 | 常陸國 下總國の一部分 | 水戸市 |
| 靜岡縣 | 駿河國 伊豆國の大部分 遠江國 | 靜岡市 |
| 愛知縣 | 尾張國 三河國 | 名古屋市 |
| 岐阜縣 | 美濃國 飛彈國 | 岐阜市 |
| 三重縣 | 伊勢國 伊賀國 志摩國 紀伊國の一部分 | 津市 |

一

附錄

| 府縣 | 舊國名 | 市 |
|---|---|---|
| 滋賀縣 | 近江國 | 大津市 |
| 京都府 | 山城國、丹波國の大部分、丹後國 | 京都市 |
| 奈良縣 | 大和國 | 奈良市 |
| 大阪府 | 攝津國の大部分、河内國、和泉國 | 大阪市 |
| 兵庫縣 | 攝津國の一部分、丹波國の一部分、但馬國、播磨國、淡路國 | 神戸市 |
| 和歌山縣 | 紀伊國の大部分 | 和歌山市 |
| 岡山縣 | 備前國、美作國、備中國 | 岡山市 |
| 廣島縣 | 安藝國、備後國 | 廣島市 |
| 山口縣 | 周防國、長門國 | 山口市 |
| 德島縣 | 阿波國 | 德島市 |
| 香川縣 | 讃岐國 | 高松市 |
| 愛媛縣 | 伊豫國 | 松山市 |
| 高知縣 | 土佐國 | 高知市 |
| 福岡縣 | 筑前國、筑後國、豐前國の一部分 | 福岡市 |
| 佐賀縣 | 肥前國の一部分 | 佐賀市 |
| 長崎縣 | 肥前國の一部分、壹岐國、對馬國 | 長崎市 |
| 熊本縣 | 肥後國 | 熊本市 |
| 大分縣 | 豐後國、豐前國の一部分 | 大分市 |

二

附錄

| 縣 | 國 | 市 |
|---|---|---|
| 宮崎縣 | 日向國 | 宮崎市 |
| 鹿兒島縣 | 薩摩國 大隅國 | 鹿兒島市 |
| 沖繩縣 | 琉球國 | 那覇市 |
| 新潟縣 | 越後國 佐渡國 | 新潟市 |
| 富山縣 | 越中國 | 富山市 |
| 石川縣 | 加賀國 能登國 | 金澤市 |
| 福井縣 | 越前國 若狹國 | 福井市 |
| 鳥取縣 | 因幡國 伯耆國 | 鳥取市 |
| 島根縣 | 出雲國 石見國 隱岐國 | 松江市 |

| 縣 | 國 | 市 |
|---|---|---|
| 長野縣 | 信濃國 | 長野市 |
| 山梨縣 | 甲斐國 | 甲府市 |
| 福島縣 | 岩代國の大部分 磐城國の一部分 | 福島市 |
| 宮城縣 | 陸前國の大部分 磐城國の一部分 | 仙臺市 |
| 岩手縣 | 陸中國の大部分 陸前國の一部分 陸奧國の一部分 | 盛岡市 |
| 青森縣 | 陸奧國の大部分 | 青森市 |
| 山形縣 | 羽前國 羽後國の一部分 | 山形市 |
| 秋田縣 | 陸中國の一部分 羽後國の一部分 | 秋田市 |

三

附錄

| 行政廳名 | 管轄區域 | 行政廳所在地 |
|---|---|---|
| 北海道廳 | 渡島國・後志國・石狩國・天鹽國・北見國・膽振國・日高國・十勝國・釧路國・根室國・千島國・ | 札幌市 |
| 樺太廳 | 樺太島の北緯五十度以南の地 | 豐原市 |
| 臺灣總督府 | 臺灣島及びその屬島・澎湖諸島及び新南群島 | 臺北市 |
| 南洋廳 | カロリン群島・マーシャル群島及びマリヤナ群島 | コロール島 |
| 朝鮮總督府 | 朝鮮半島及びその屬島 | 京城府 |
| 關東州廳 | 關東州 | 大連市 |

四

朝鮮地方道名及び道廳所在地

京畿道(京城府)　忠清北道(清州邑)　忠清南道(大田府)　全羅北道(全州府)　全羅南道(光州府)

慶尙北道(大邱府)　慶尙南道(釜山府)　黃海道(海州府)　平安南道(平壤府)　平安北道(新義州府)

江原道(春川邑)　咸鏡南道(咸興府)　咸鏡北道(清津府)

昭和十九年三月二十五日翻刻印刷
昭和十九年三月二十八日翻刻發行

本書ノ本文並ニ寫眞・地圖(陸軍省ト協議濟 海軍省ト協議濟)

初等地理 五年 用

定價 金二十九錢

著作權所有

著作兼發行者 朝鮮總督府

翻刻發行兼印刷者
京城府龍山區大島町三十八番地
朝鮮書籍印刷株式會社
代表者 諏訪 務

發行所
京城府龍山區大島町三十八番地
朝鮮書籍印刷株式會社

朝鮮總督府編纂 (1944)

# 『初等地理』

## (第六學年)

初等地理 第六學年

朝鮮總督府

# 目錄

# 一 支那(しな)

支那の地形

　支那を地圖で見ると、東側だけが海にのぞみ、そこに大平野や川の出口があつて、西の方は大高原(だいかうげん)・大沙漠(さばく)・大山脈などが續いてゐることに氣づきます。主な川は、西方の高原から出て大體東へ向かつて流れ、海にそそいでゐます。

　北の方を流れるのが黃河(くわうが)で、その流域(りうゐき)を北(きた)支那といひ、眞中(まんなか)どころを流れるのが揚子江(やうすかう)で、その流域を中(なか)支那といひ、南の方を流れるのが珠江(しゆかう)で、その流域を南(みなみ)支那と呼んでゐます。さうして、これらの川の流域をひつくるめたのが大體支那本部で、西方の高地(かうち)とおのづから區別(くべつ)されてゐます。

　三つの川のうちでも、いちばん大切なのは揚子江で、川幅(かははば)の廣いこと、流域の大きなこと、流域に人のたくさん住んでゐることなど、世界にあまり例がないほどのすばらしさです。

　黃河の下流には、北支那の大平原があり、これも我が朝鮮がおほよそ、その中へはいつてしまふぐらゐの大きさです。わが國とくらべると、支那のものは川でも、平野でも、山地でも、すべて大規模(だいきぼ)で、大陸的です。

　東側の海は、黃海(くわうかい)・東(ひがし)支那海・南(みなみ)支那海などに分れてゐますが、いづれもいはば日本の內海(ないかい)であり、日支間の連絡(れんらく)を便利(べんり)にしてゐます。

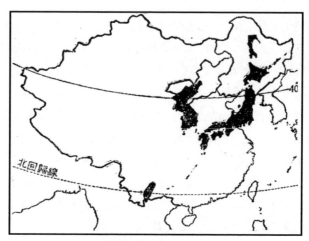

日本と滿・蒙・支の重ね合せ

　上の圖のやうに、日本と支那を重(かさ)ね合せて見ますと、北支那のあるところは、わが靑森から東京までに當り、中支那のあるところは九州に當り、南支那のあるところは臺灣に當つてゐます。隨(したが)つて氣候も、わが國と支那とは、大體この位置によつて比較(ひかく)することができます。

　北支那は雨も少く氣溫も低いのですが、中支那から南支那へかけては、南へ行くほど、だんだん雨も多くなり、氣候も暖かで、遂には臺灣のやうな亞熱帶性(あねつたいせい)の氣候をあらはします。ただ大陸ですから、北支那などは、わが國よりもむしろ滿洲に似たところがあり、夏と冬では、暑さ寒さもきびしいのがその特色です。奧地(おくち)の大高原は全く內陸にあるので、はげしい大陸性の氣候を示し雨のないところは、廣い沙漠となつてゐます。

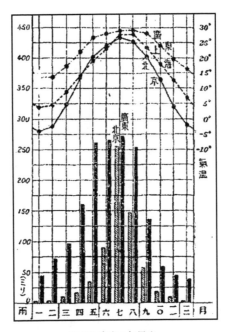

北京と廣東の氣候表

　廣さは支那本部だけで、わが國の七倍ぐらゐに當り、人口も約四倍ぐらゐあります。わが國はこの大きな支那と協力(けふりよく)して、大東亞の建設をしようと非常な努力を拂つてゐるのです。

　**北支那の自然と産物**　北支那は、北支那平野と、その東に突(つ)き出た山東(さんとう)半島、及び山西(さんせい)地方以西(いせい)の高原とから成つてゐます。満洲・蒙疆(もうきやう)と直接境を接してゐるので、政治上特に大切な地方です。

黄土層の山地

　この地方は一帶に黄土(くわうど)におほはれ、山西方面には、ずゐぶん厚く堆積(たいせき)してゐるところがあります。これは、蒙古や、もつと西の方面から、風で運ばれて來たものだといはれてゐます。黄河と、その流れこむ黄海(くわうかい)は、黄土をふくむため黄色(きいろ)なのです。黄土の層(そう)はやはらかく肥(こ)えてゐて、いたるところ畠になつてゐます。山の頂上(ちやうじやう)まで耕(たがや)されてゐるところもあれば、がけの部分に部屋(へや)を作つて人の住んでゐるところもあります。

　この黄土が黄河や白河(はくが)の水に運ばれてできたのが、北支那平野です。土地はいつぱんに肥えてゐて、農業が營(いとな)まれ、土地も早くから開けましたから、中原(ちゆうげん)と呼ばれて來たのです。ただ困るのは大洪水(だいこうずゐ)で、黄河の流れは、あるひは山東半島の南側へ、あるひは北側へと度々(たびたび)變り、北支那平野の人々は、その都度(つど)なやまされることがひと通りではありません。

　この平野の氣候は、滿洲に似て大陸性ですが、夏わりあひ雨が降るので、農産物が多く、その種類もほとんど滿洲と一致(いつち)してゐます。すなはち、小麥・大豆・かうりやん・粟(あは)・たうもろこし・落花生(らくくわせい)などをたくさん産出します。綿は、南であるだけに、滿洲よりはるかに多く栽培(さいばい)され、この地方の大切な産物となつてゐます。

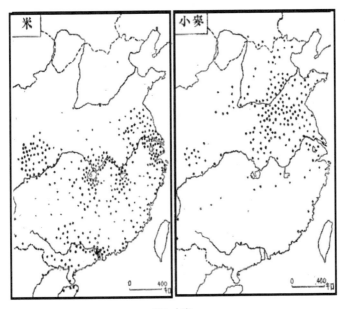

米と小麥

　しかし、いつぱんに雨は少い方であり、土地もかわいてゐる方なので、これまで米はほとんど作られてゐませんでした。また年によつて、ひでりのため畑作物の取れないこともあります。かう

したひでりや洪水の年などに、住民たちは、仕事をさがして他地方(たちはう)へ出かけるものが多く、さういふことで滿洲へ移つた支那人も少くありません。

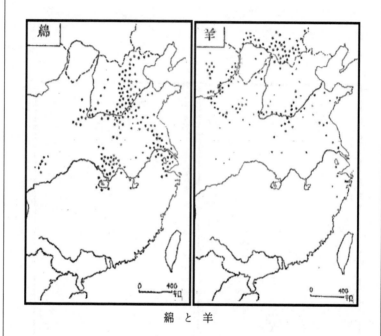

綿 と 羊

　北支那には、滿洲と同じく馬・ろばが多く、それらはうんぱん、または耕作(かうさく)などに使はれてゐます。支那人の食用とする豚(ぶた)は、全體に廣く飼(か)はれ、山東方面の牛は、わが國へも食用として送り出されます。羊は、主に蒙疆に近い雨の少い地方に飼はれてゐます。

北支那の石炭は全支の八割、鐵は全支の半分と見積(みつも)られ、最も大切な資源(しげん)とされてゐます。渤海(ぼつかい)の沿岸は、遠淺(とほあさ)で雨が少く、風がよく吹くので、關東州や朝鮮と同じく、天日製鹽(てんびせいえん)が盛んに行はれ、工業鹽としてわが國へたくさん輸入されてゐます。

**北京(ぺきん)・天津(てんしん)・青島(せいたう)** 北支那方面には、以前からわが國人がたくさん住み、各方面に活躍(くわつやく)してゐました。最近では、特に北京・天津・青島・濟南(さいなん)・石門(せきもん)・太原(たいげん)などに多く住んでゐます。

北京の内城

北京は、北支那の政治の中心地であり、元(げん)や淸(しん)の時代の都で、人口約百六十萬を數(かぞ)へる大都市です。大規模な城郭(じやうくわく)をもつてめぐらされ、内城(ないじやう)にはりつぱな宮殿や、城門(じやうもん)や、そのほか大きな建物(たてもの)

が殘つてゐます。釜山發の急行列車は、內城の正陽門(せいやうもん)まで直行(ちよくかう)します。わが國人は主にこの內城に住み、その數は增加する一方です。外城(ぐわいじやう)は內城の南に接し、商店(しやうてん)の多い場所(ばしよ)です。市街(しがい)はいつぱんに樹木(じゆもく)が多く、街路はごばんの目のやうにきちんとしてゐます。

天津の船着場

　北京から百四十キロへだたつた天津は、白河の川口から七十キロほどはいつたところにある港で、北支那一帶の出入口(でいりぐち)として榮え、大運河(うんが)はここから起つてゐます。わが國人經營の紡績(ばうせき)・製粉會社(せいふんくわいしや)などがあつて、盛んに活動してゐます。

　塘沽(たんくー)は天津の外港(ぐわいかう)であり、秦皇島(しんのうたう)は、開灤(かいらん)炭田から產する石炭の積出港(つみだし

かう)であり、山海關(さんかいくわん)は滿洲との境にある町で、
萬里(ばんり)の長城(ちやうじやう)はここから始つてゐます。

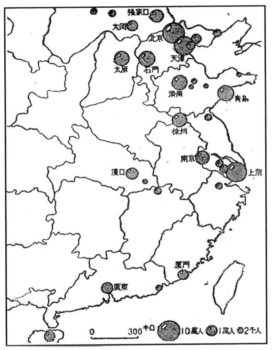

支那に住むわが國人の分布

　天津から南へ鐵道が縱(たて)に走り、それに沿(そ)つて濟南(さ
いなん)や徐州(じよしう)などの町があります。濟南の南方曲阜(き
よくふ)には、孔子(こうし)の廟(べう)があり、徐州は、支那事變

第二年の五月に、有名な大會戰が行はれたところです。濟南から分れて、靑島(せいたう)へ向かふ鐵道の沿線(えんせん)には、早くからわが國と關係の深かつた炭田があります。靑島は、北支那第二の貿易(ぼうえき)港で、天津と同じくわが紡績工場が多く、マッチ・ゴムなどの製造も行はれてゐます。山東半島の北にある芝罘(ち-ふ-)の良港は、靑島とともに、この方面の主な移民(いみん)の出入口となつてゐます。

北京から南、漢口(かんこう)方面へ向かふ鐵道の沿線には、石門(せきもん)や鄭州(ていしう)などの町があります。石門から西へ行く鐵道は、山西の中心太原(たいげん)へ行きます。山西方面は、支那で石炭・鐵の最も多く地下にある地方です。石門の近くには、井徑(せいけい)の炭田があります。鄭州に近い開封(かいほう)や、河南(かなん)は、潼關(どうくわん)の西の西安(せいあん)などとともに、四千年の支那の歴史を物語る古い都のあつたところです。河南は昔洛陽(らくやう)、西安は長安(ちやうあん)と呼ばれたことがあります。西安から西へ向つて重要な道路が續き、蘭州(らんしう)その他の町を經て、遠くヨーロッパへも通じてゐます。

**中支那の水運と産物**　揚子江の水運の便利なことは、世界第一であります。川口から千三百キロへだたつた漢口まで、夏の增水期(ぞうすゐき)には一萬トン級の汽船がのぼり、冬の減水期(げんすゐき)でも四千トン級の汽船がのぼります。更に漢口から宜昌(ぎしやう)を經て、千二百キロ上流の重慶(ぢゆうけい)まで、增水期には千トン、減水期にも三百トンの船が通ひます。夏、南東風の吹くころは、雨がたくさん降つて增水し、冬、北西風の吹くころ

は、雨が少く減水するのです。増水と減水の差(さ)は、漢口では十二メートルに達し、減水期には河岸が急(きふ)ながけとなるので、南京(なんきん)・漢口などの主な船着場(ふなつきば)には、大規模(だいきぼ)な浮桟橋(うきさんばし)が設(まう)けられ、それに汽船がつながれるやうになつてゐます。

漢口の浮桟橋

　上海(しやんはい)は揚子江水運の起點となつてゐますが、それは揚子江の川口に近い呉淞(う-すん)へ流れこむ支流の黄浦江(くわうほかう)にのぞんでゐます。

　中支那は、かうした水運に惠(めぐ)まれて、一帯に産業が盛んで、人口も非常に多く集つてゐます。氣候も北支那より暖かで、雨も多く、隨(したが)つて米を始め、綿・茶・麻(あさ)・たばこなどを多く産し、またわが國のやうに養蠶(やうさん)も行はれてゐます。揚子江の中流の大治(たいや)や、下流に近い桃冲(たうちゆう)

などには、鐵山があつて、早くからわが八幡(やはた)製鐵所へ鑛石を送つてゐました。上海や漢口には、近代工業も盛んになつて來てゐます。

　　上海・南京・漢口　　上海は支那第一の大貿易港(だいぼうえきかう)で、人口五百萬、東亞有數の大都市です。我が國人はおよそ十萬を數へ、しかも日毎に增加して行きます。長崎からほぼ一晝夜で達し、船の連絡(れんらく)はきはめて便利です。工業が盛んで、わが國の人たちの經營する紡績業(ばうせきげふ)も非常に發達してゐます。大體の位置が支那の中央にあるので、此の港が仲繼地(なかつぎち)となつて、東亞の各地や、揚子江の流域の港々と取引(とりひき)をし、事變前は全支貿易の六割を占めてゐる有樣でした。

　　上海の郊外(かうぐわい)には、クリークが無數にあつて、その間に水田や綿畠が多く、墓地(ぼち)や竹やぶなども、ところどころに見られます。上海事變や、支那事變當時の激戰(げきせん)をしのばせる戰跡地(せんせき

上海の江岸

ち)も方方に殘つてゐます。上海の南西には抗州(かうしう)があり、北西には蘇州(そしう)があります。鐵道は蘇州を通つて南京へ行きます。南京は新しい國民政府(こくみんせいふ)のあるところで、昔からしばしば支那の都となり、りつぱな城郭(じやうくわく)を持つた都市です。中山(ちゆうざん)・光華(くわうくわ)・中華(ちゆうくわ)・玄武(げんぶ)など十六の城門を數へ、勇ましい皇軍は、これらの門をあるひは突き破り、あるひは乘り越へて、城内へ進軍したのでありました。南京の對岸の浦口(ほこう)へは、天津からの鐵道も通じてゐます。

南　京

　南京から揚子江をさかのぼると、鄱陽湖(はやうこ)があつて、附近に廣々とした平野がひらけてゐます。南昌(なんしやう)はその中心地で、ここから東は抗州へ、西は長沙(ちやうしや)へ通じる鐵道があります。

　揚子江の中流漢口は、漢陽(かんやう)・武昌(ぶしやう)とともに武漢三鎭(ぶかんさんちん)といはれ、皇軍は事變第二年の十月にこ

こを占領しました。北は北京から、南は廣東(かんとん)から鐵道が通じ、中支那の大中心地であります。上海から漢口までは、東京・下關間よりも距離(きより)が長く、汽船でふつう四日かかります。我が國人は、事變前からここにたくさん住んでゐて、各方面に活躍(くわつやく)してゐました。漢口の南西には、有名な洞庭湖(どうていこ)があつて、夏期の増水期(ぞうすゐき)には、天然(てんねん)の貯水池(ちよすゐち)の役目をつとめます。南部の山地からはタングステン・アンチモニーなどを產します。宜昌(ぎしやう)から西は、兩岸に山がせまり、川も急流のところがあります。更にさかのぼると、四川(しせん)地方の中心である重慶(ぢゆうけい)に達します。今日なほめざめない支那人の集つてゐるところで、しばしばわが勇敢な荒鷲(あらわし)に爆擊(ばくげき)されてゐます。

揚子江の上流

　四川地方は、周圍(しうゐ)に山をめぐらし、ほぼわが内地の面積ほどある大きな盆地で、農產物や鑛山物も豐(ゆた)かであり、昔から特別な地域をなしてゐます。成都(せいと)は、この盆地の一中心地で、西康省(せいかうしやう)やチベット方面への入口に當ります。

　**亜熱帶の南支那**　南支那は、珠江(しゆかう)の流域と、臺灣海峽にのぞむ地方とを指(さ)し、中支那とは一帶の山地によつて分けられてゐます。氣候は亞熱帶性をあらはし、中支那よりいつそう暖かく、また雨も多いので、平野からは米・茶・さたうきび・たばこなどを產出し、バナナやパイナップルもでき、竹やくすの木などもよく生育(せいいく)する點で、臺灣とよく似てゐます。養蠶(やうさん)も行はれてゐますが、いつぱんに山地が發達して平地が少く、人口が多すぎるため、年々南方諸地方へ出かせぎする人々が少くありません。これが華僑(くわけふ)と呼(よ)ばれる人たちです。

廣東の町と小舟

珠江の三角洲(さんかくす)上にある廣東(かんとん)は、南支那の物資の大集散地(だいしふさんち)で、人口約百二十萬を數(かぞ)へ、わが國人も、南支那ではいちばん多く住んでゐます。水上には、小舟に生活する人々が三十萬の多數に及び、水郷(すゐきやう)にふさはしいおもむきをあらはしてゐます。

廣東に近い香港(ほんこん)は、その位置がよく、百年間、英國の東亞に於ける大切な根據地(こんきよち)の一つとなつてゐました。山がちの美しい香港島と九龍(きうりゆう)半島との間の水道が、天然の良港です。上海と同じく仲繼貿易(なかつぎぼうえき)が盛んに行はれてゐましたが、大東亞戰爭が始ると、皇軍はたちまちこれを攻略(こうりやく)し、以來新たに大東亞建設のための要地となり、大切な役目を果してゐます。

香港空の入城

臺灣海峽に面する厦門(あもい)・福州(ふくしう)・汕頭(すわと一)などは、華僑と關係の深い港であります。

海南島(かいなんたう)は、臺灣と同じぐらゐの大きさの島で、鐵や石炭がわが國人によつて發見され、盛んに掘り出されてゐます。また、この島はその位置がよいので、南支那海に於ける交通・軍事上に大切なところであります。

珠江上流の山地は、タングステン・錫(すず)などの鑛産に富んでゐます。昆明(こんめい)は、二千メートルの高地にあつて、この地方の中心地です。

萬里の長城

**蒙疆(もうきやう)**　北支那平野から、急な山坂(やまさか)を通り、名高い萬里(ばんり)の長城(ちやうじやう)を越(こ)えて行つたところに、廣い草原(さうげん)や沙漠(さばく)の續(つづ)く地方があります。滿洲とは興安嶺(こうあんれい)をへだてて隣(とな)り

あつてゐる地方ですが、昭和十四年九月以來、ここに新しい政府が生まれました。これを蒙古聯合自治政府(れんがふじちせいふ)といひ、この地方をふつうには蒙疆と呼んで、支那本部から區別(くべつ)してゐます。北の方にはゴビ沙漠がひろがり、そのまま外蒙古(そともうこ)に續きます。蒙疆は滿洲とともに、ロシヤ方面からはいつて來るよくない思想(しさう)を防(ふせ)ぐのに重要な地方です。

蒙古人の包

いつぱんに高原であり、海から離れてゐるので、氣候は大陸性を示し、夏のほかは雨もほとんど降りません。南の方には漢人(かんじん)が多く住み、夏の間に小麥・燕麥(えんばく)・じゃがいもなどを作ります。蒙古人は約三十萬位ゐますが、多くは奧地(おくち)で包(ぱお)をつくつて住み、羊・山羊(やぎ)・牛・馬などを飼つてゐます。包は草地を追つて移動することのできる便利な家屋(かをく)です。

鐵道は、天津(てんしん)・北京(ぺきん)方面からと、太原(たいげん)方面からとはいつてゐて、張家口(ちやうかこう)・大同(だいどう)・厚和(こうわ)・包頭(ぱおとう)など、主(おも)な町々がそれに沿つてゐます。張家口は首府で、我が國人もたくさん住んでゐます。張家口の東に龍烟(りゆうえん)鐵山があり、質のよい鐵鑛を盛んに掘り出して、我が國へも送つてゐます。石佛(せきぶつ)で有名な大同附近には大きな炭田があつて、よい石炭が盛んに掘り出されてゐます。

**外蒙古(そともうこ)・新疆(しんきやう)・チベット**　　地圖を見ると、支那の北から西へかけて、大高原や大山脈が廣く續いてゐるのがわかりますが、ここに、外蒙古・新疆・チベットなどがあります。これらの地方は、面積は廣いけれども、土地の關係や雨量が少ないなどのために、住民の數は少く、産業もあまりふるはず、牧畜業が僅かばかり行はれてゐるだけです。しかし、これ等の地方は、滿洲・シベリヤ・印度(いんど)などに續いてゐて、その位置が大切なところにあるので、英國やロシヤなどは早くからここに目をつけ、各々その勢力を伸(の)ばしてゐます。そのために、住民は苦しい、まづしい生活をしてゐます。住民の多くはラマ教や回教(くわいけう)を信じてゐます。

**日本と支那**　　わが國と支那ほど、昔から關係の深い國はありません。兩國は隣り合ひの國であり、人種としても近く、文字も共通のものを使つてゐるばかりでなく、お互(たがひ)に足らない物資や商品を補(おぎな)ひ合ふべき間がらの國であります。すなはち、わが國の非常に發達した工業の製品を支那へ送り、支那の鐵・石炭・タングステン・綿・羊毛・桐油(とうゆ)などをわが國へ送るの

です。また、支那の豊かな資源と勞働(らうどう)力が、今後わが國のすぐれた技術と力強い資本によつて開發(かいはつ)されれば、大東亞の建設にこれほど役立つことはありません。

支那が、外國のあなどりを受けて國が危(あやふ)くなつたとき、いつもわが國はこれをかばふやうにして、その獨立と、東洋平和を維持(ゐぢ)することに力をつくして來たのです。元來、支那は廣いため、國内の統一(とういつ)がつかず、昔から亂(みだ)れがちで、多くの支那人は氣の毒(どく)な生活を續けて來ました。わが國は、今これを救はうとしてゐるのです。かうしたわが國の眞心(まごころ)を解せず、今日なほめざめない一部の支那人は、米・英などの力をかりてわが國に反抗(はんかう)してゐます。われわれは、一日も早くこれらの人々をめざめさせて、ともにともに大東亞の建設に進まなければなりません。しかも、建設はすでに始つてゐるのです。わが國の指導で、占據(せんきよ)地域は次第によく治(をさま)り、交通もどんどん發達し、物資も盛んに交換(かうくわん)されてゐます。南京には、昭和十五年三月から新しい政府が生れて、日毎に明かるさと力を加へ、今ではわが國と同生共死(どうせいきようし)の固い同盟を結んで進んでゐます。

**支那の住民**　支那は國が廣く、人口も多いので、人々の性質(せいしつ)やことばが、地方によつて違つてゐます。

いちばん多いのは漢民族(かんみんぞく)で、そのうちでも北支那に住んでゐるものは、いつぱんに勤勉(きんべん)で、ねばり強く、暑さ寒さにかまはずよく働きます。南支那の人々は、わりあひに明かるい性質で、進取的(しんしゆてき)なところが見られます。

城門のほとり

　大體からいへば、支那の住民の氣質はいはゆる大陸的で、氣長(きなが)なところがあり、孝心が深く、祖先を崇拜(すうはい)し、家をよくととのへます。しかし、忠義といふことになると、我々とはよほど違つてをります。それは國がらから見て、やむを得ないことかも知れません。

　また、自分の顔を立てようとする氣持も強いが、その反面に、仕方がないとあきらめてしまふところもあります。

　支那は文字の國、宣傳(せんでん)の國で、外交(ぐわいかう)や社交(しやかう)が上手で、なかなか形式や禮儀を重んじます。自分の國を、中國(ちゆうごく)または中華(ちゆうくわ)と呼び、現在も國號(こくがう)を中華民國(ちゆうくわみんこく)と稱(しよう)してゐます。最近では、支那の靑少年の中にも、日本人と手を取りあつ

て行かうとするりつぱな人物も出て來るやうになりました。われ
われは、さういふ人たちとしつかり手をたづさへて進まなければ
なりませんが、それには、支那の國民性や風俗(ふうぞく)・習慣
(しふくわん)などを、いつそうよく理會(りくわい)することが大切
です。

# 二 インド支那

インド支那は、アジヤの南へ突き出して、太平洋とインド洋とを分けてゐる大きな半島です。支那とインドの中間にあることが、インド支那といふ名の起るゆゑんです。

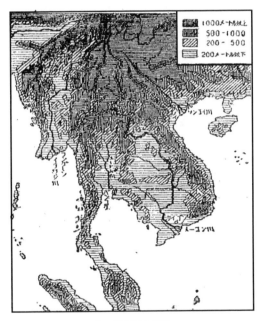

インド支那の地形

大體北から南に山脈が續いてゐて、そのうちのひとすぢは、南へのびて、マライ半島につながり、その先に昭南(せうなん)島があります。ビルマの西の方の山脈も、アンダマン・ニコバルなどの島々に續き、さらにスマトラ方面へ連絡(れんらく)してゐます。

インド支那の産業圖

　インド支那には、佛領インド支那・タイ・ビルマ・マライなどがあつてアンナン人・タイ人・ビルマ人及び華僑(くわけふ)などが住んでゐます。これらの人々は、最近(さいきん)すべての方面で、わが國を力と賴(たの)むやうになりました。わが國からは、これらの人々の使ふ日用品を送り、わが國へは、米や石油・石炭その他の物資を送り出します。

　南支那よりもさらに南にあるので、いつぱんに熱帶性の氣候をあらはし、ただ山地と平原、北と南などで、氣候に多少の違ひがあります。風の向きが、季節(きせつ)によつて反對となることは、わが

國や支那と似てゐますが、向きは少し違ひます。すなはち、六月ごろから九月ごろまでは、南西風が吹き、山脈の西側にたくさんの雨を降らせて雨季となり、十二月ごろから三月ごろまでは、北東風が吹き、アンナンやマライ半島の東側をのぞく以外は、雨はほとんど降りません。

アンナンの水田耕作

**佛領インド支那** 佛領インド支那は南北にながく、北部のソンコイ川流域のトンキン地方、東の海岸に沿つたアンナン地方、メーコン川の流域地方の三つに大別されます。この地方の中ほどを北西から南東へ走る山脈があり、メーコン川はこの山脈の西側を流れて、川口に大きな三角洲(さんかくす)を作つてゐます。

この地方は、今から八十年ぐらゐ前から、フランスの勢力がはいつて來ましたが、以前は王が各地を治めてゐました。なかでも、アンナン王は古くから有名で、今もユエの町に住んでゐます。

　米と石炭　　　水に便利な平地では、米がたいそうよくみのります。ソンコイ川・メーコン川などの流域や三角洲は、特に米の産地として有名で、北の米をトンキン米、南の米をサイゴン米といつてゐます。人口のわりあひに米の産額(さんがく)が多いので、わが國を始め支那や、フィリピンなどへも送り出すことができます。住民は米のほか、たうもろこし・さたうきび・ゴム・やし・綿なども作つてゐます。

　トンキン地方のホンゲーは、有名な無煙炭(むえんたん)の産地で、わが國へも盛んに送り出します。石炭のほかにも、錫(すず)・亞鉛(あえん)その他の鑛物が、地下にたくさんあるらしく、今後日本人の調査で次第に明らかとなるでありませう。

世界に住む華橋

　　**住民と町々**　　この地方に住む約二千五百萬の住民は、皆アジヤ人で、その大部分のものは佛教(ぶつけう)を信じてゐます。フランス人は、わづか四萬人ぐらゐしか住んでゐません。大東亞戰爭以來、經濟的(けいざいてき)にはわが國と全く一體の關係にあります。わが國人は、昔アンナンやカンボジヤの各地に渡航(とかう)して、活躍したことがありました。今後は、他の南方諸地方と同じく、身體が丈夫で、心がけもりつぱな日本人が盛んに出かけて、この地方の開發(かいはつ)につくすことになるでせう。華僑(くわけふ)は四十萬人もゐて、商業方面になかなか勢力があります。

サイゴン米の積み出し

　　北の中心地として、川の中の島にでぎたハノイは政治(せいぢ)の町で、日本の全權大使(ぜんけんたいし)やフランスの總督(そうとく)がゐます。ここから鐵道は北西へ走つて、南支那の昆明(こんめい)へ達し、一方海の出入口(でいりぐち)としては、外港(ぐわいか

う)ハイフォンがあります。南方商業の中心地であるサイゴンは、メーコン川の支流にのぞむ川の港で、航空(かうくう)の方面から見ても大切な位置を占めてゐます。サイゴンの南西五キロのところに、華僑の作つた米の町ショロンがあります。

アンコールワット

ハノイとサイゴンの間には、アンナンの海岸線に沿ふ鐵道があつて、急行列車で約四十時間かかります。途中いたるところに水田があり、やしや竹やぶのよく茂つた部落(ぶらく)が、ところどころに見られます。要港カムラン灣は、南東の海岸にあります。カンボジヤの西の方には、有名なアンコールワットの遺跡(ゐせき)があり、將來(しやうらい)は見學の人々も次第に多くなることでせう。

**タイ**　タイはもとシャムといはれ、三百二十年ばかり前、シャム王をたすけて日本の名をあげた山田長政(やまだながまさ)などによつて、わが國では昔から親しまれてゐました。

タイは、その眞中(まんなか)を流れる水量(すゐりやう)の豐(ゆた)かなメナム川の流域地方が最も大切なところです。

この國の大きさはおよそ六十五萬平方キロで、我が國より少しせまいくらゐです。南部のマライ半島の部分をのぞくと、ひとかたまりのまとまつた國土をなしてゐます。

**米・チーク・錫(すず)**　タイのいちばん大切な産物は、米とチークと錫で、米はタイの輸出の大部分を占め、わが國へもかなりたくさん送り出してゐます。現在は、一年に一回だけしか作らない水田が多いのですが、水利と作り方を工夫(くふう)すればまだまだたくさんのよい米が取れるでありませう。綿の栽培も、將來(しやうらい)有望(いうばう)とされてゐます。

タイの象

　チークは、この國の七割を占める森林地(しんりんち)から伐(き)り出されます。この大きな重い材木のうんぱんには、名物の象(ざう)がよく使はれます。雨季(うき)には、特にたくさんの筏(いかだ)がメナム川の上流から流されます。錫は半島方面の地下にたくさんありますがマライにくらべると、まだ掘り出すことが盛んでありません。

　**住民**　タイの人口は一千七百萬ぐらゐで、大部分のものは早くから佛教を信じ、慈悲心(じひしん)が深く、いつぱんに溫和(をんわ)で人にも親切です。昔からタイ人としてよくまとまり、英國やフランスの勢力の間にはさまつて、國を持ちこたへてきました。

バンコク

　大東亞戰爭が始まると、いち早くわが國と力を合はせ、やがて兩國間に特別の固い同盟(どうめい)が結ばれ、わが國の指導(しだ

う)で大東亞の建設に努力してゐます。ここにも非常にたくさんな華僑がゐて、商業を盛んに營(いとな)んでゐます。

たくさんのきれいな寺院のあるバンコクはこの國の中心地で、タイの奥地(おくち)と、マライ半島方面への鐵道が通じてゐます。また以前から南方諸地方の國際(こくさい)航空路の中心をなしてゐました。市中を流れるメナム川の川べりには、床(ゆか)の高い涼しさうな家が見うけられ、水上に生活する人々も少くありません。

川々には、上に家を組み立てた筏(いかだ)の浮(う)き家(や)がたくさんみられ、市場(いちば)を作つてゐるものもあります。水のふえる時期には、特に舟のゆききが盛んです。

バンコクの北百キロぐらゐのところに、アユチヤの町があり、昔わが國人がたくさん住んで、日本町(につぽんまち)をつくつてゐました。この町の近くに、長政とその子がまつられてゐます。

**ビルマ**　タイの西、インド支那の西部地方をなすのがビルマです。この地方の眞中を、北から南に流れてゐるイラワジ川の流域と三角洲(さんかくす)が、ビルマの最も大切な部分であります。しかもこの川は、川口から上流約千六百キロまで、汽船でのぼることができます。

北東部には、七八月ごろでも涼しいシャン高原があつて、谷は深いが、全體として平らな高原をなし、將來(しやうらい)はよい農業地となるであらうと思はれます。タイや支那との間にも、またインドとの間にも高い山脈があつて、各方面への交通は不便です。

ラングーンの市街

**米と石油**　ビルマは農業國で、米がたくさんでき、いはゆるラングーン米として、わが國へどんどん送り出されます。大東亞戰爭以前は、インドへも盛んに出してゐました。石油は、この國の大切な資源で、イラワジ川の中流各地に油田(ゆでん)があり、これまで一年約百十萬トンを産出してゐました。このほかタングステン・銅・鉛(なまり)・亞鉛などの鑛物や、チーク・綿・ゴムなども産します。

**支那への通路とビルマの住民**　ラングーンから自動車・汽車・船などで奥地(おくち)まではいり、さらに支那へ通ふ路があつて、これによつて米・英の物資が支那へ送られたこともありますが、わが軍の占領以來、この道はとまつてしまひました。

　ビルマの人口は約一千六百萬あまりで、その大部分はタイ人と同じく佛敎(ぶつけう)を信じ、男は一生に一度は僧となる習慣があります。この國は久しく英國に侵略(しんりやく)され、住民の生活もまづしいものでありましたが、今や我が國の力によつて、英國の勢力は驅逐(くちく)され、あかるいビルマに生れかはりました。ラングーンは、水運に惠(めぐ)まれた米の港で、マンダレーはイラワジ川中流の要地です。

　**マライ半島と昭南島**　インド支那半島が、肱(ひぢ)を伸ばした樣にぐつと南につきだしてゐるところが、マライ半島です。

コタバルの上陸地點

そして、半島の南、狹いジョホール水道をへだてて昭南島があります。ここは、太平洋からインド洋へ出るのに通らなければならないのどのやうな場所で、またインド支那半島と東インドの諸島とを連(つら)ねる結び目のやうなところです。それで、昭南島は南方諸地方の中心にあると言へます。

　これほど重要なところですから、英國は百數十年前からここを
わがものにし、シンガポールといひならはし、軍港と商港の設備
(せつび)をととのへて、アジヤ侵略のいちばんの足場(あしば)とし
てゐました。

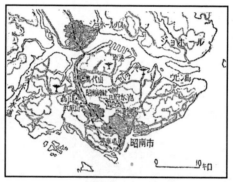

昭　南　島

　大東亞戰爭が始ると、わが軍は五十五日でマライを占領し、更
に一週間で難攻不落(なんこうふらく)をほこつてゐたシンガポール
を落してしまひました。それ以來、島は昭南島、町は昭南市と改
められ、マライ半島とともに、わが國によつて治(をさ)められ、日
一日と發展(はつてん)の一路をたどつてゐます。

　**ゴム・錫・鐵**　　マライ半島は、世界一のゴムの産地です。晝な
ほ暗い密林(みつりん)を伐(き)り開いて作つた畠の中に、きちんと
並んだゴムの林が汽車の窓からも眺(なが)められます。元來ゴム
は、年中暑くて、氣溫に變化(へんくわ)が少く、雨が多く、しかも
大風(おほかぜ)の吹かない土地に適(てき)するものですが、マライ

は、ちやうどそれにあつらへ向きの氣候です。日本人の經營(けいえい)したゴム園も、前からジョホール州を中心に、あちらこちらにありました。大東亞戰爭以前、英國は、ゴムの大部分を米國へ賣り出してゐました。

マライのゴム園

また海岸には、ココやしがよく茂つてゐます。米もよくみのりますが、これまでは、この地方の人たちがたべるほど產出しませんでした。おいしい熱帶の果物(くだもの)は、一年中たべられます。

錫の產出は、世界の三分の一あまりに達し、昭南港とピナンから輸出されたものです。鐵山は、前からほとんど我が國人が經營してゐたもので、鐵鑛の質がよく、わが國へ盛んに送り出されました。半島の南部とビンタン島からは、アルミニユームの鑛石になるボーキサイトを產します。

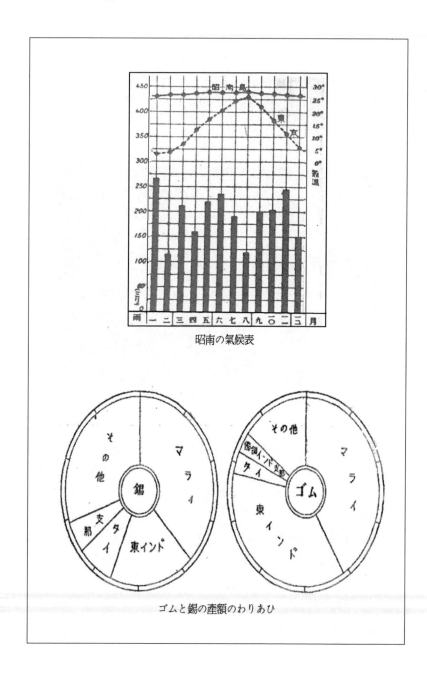

昭南の氣候表

ゴムと錫の産額のわりあひ

　マライの住民　　マライの人口およそ四百萬のうち、いちばん多いのは華僑で、次はマライ人、それからインド人です。ヨーロッパ人は、最近でもごくわづかしかゐませんでした。昔、平城天皇(へいぜいてんのう)の皇子高丘(たかをか)親王は、佛道を求めてインドへ向はれましたが、途中、昭南附近で薨去(こうきよ)されました。このやうにわが國とこの地方とは、千年以上も前から深い縁で結ばれてゐたのです。最近では、日毎に日本人の數がふえて行きます。

昭　南　市

　昭南市の人口は六十萬ぐらゐで、おのづから三區に分れてゐます。南の支那人町、中部の海に沿つた繁華(はんくわ)な商業町、北のマライ人町がそれで、わが國の大商店は主として中部にあり、島内の岡の上に昭南神社がおまつりしてあります。大汽船の碇泊(ていはく)するところは、町の南の方にあり、そのあたりは廣くて

深い港で、各地方の船が集まつて來ます・島には、りつぱな飛行場がいくつかあるし、北東の軍港も次第にととのつて行きます。

　マライ半島の北西にある島の港ピナンや、内陸にあるクアラルンブールなど、いづれもりつぱな都市であります。有名なマレー沖海戰は半島の東海岸の沖合(おきあひ)で行はれたのです。

### 三　東インドとフィリピン

　東インドやフィリピンの島々は、アジヤ南東部の海上、太平洋とインド洋との間にまたがつて、大きくひとかたまりになつてゐます。東インドにはボルネオ・スマトラ・ジャワ・セレベス・パプアなどの大きな島やそれに續く無數の島々があり、またフィリピンも、ルソン・ミンダナオなどをはじめとしてたくさんの島から成つてゐます。

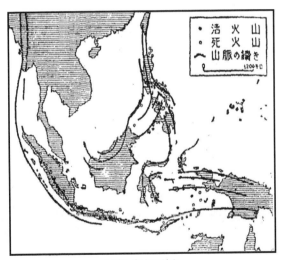

山脈と火山の續き

　よく注意(ちゆうい)して見ると、わが國に似て、弓なりになつた山脈の續きが見られ、その上、火山帯がひとつながりになつてゐ

て、我々に何となく親(した)しみをさへ感じさせます。また海の深さは内側(うちがは)にくらべると外側(そとがは)が非常に深く、殊にフィリピンの東には、フィリピン海溝(かいこう)といふ世界でいちばん深い縦長(たてなが)の海底が續いてゐて、日本近海のやうすとよく似てゐます。島々は赤道のごく近くにあるため、氣候はいつぱんに熱帶性で、四季(しき)の區別がありません。風の向きによつて、乾季(かんき)と雨季(うき)に分れるのがふつうです。ほとんど毎日、わが國の夕立(ゆふだち)のやうなスコールがやつて來るので、わりあひしのぎよいのです。山地へ行けば氣候のたいそう溫和なところもあります。

　いつぱんに強い日光と豊富(ほうふ)な雨に惠(めぐ)まれてゐますから、農産物や林産物はぐんぐん生育し、また大東亞建設のために大切な鑛産物も、たくさん地下にあります。

ジャワの風景

　これらの島々は、長くオランダ・英國・米國などの領地(りやうち)となつてゐたため、住民はたいへん苦しい生活をしてゐました。

密林を進む皇軍

　しかし大東亞戰爭が始ると、わづか數箇月の間に、皇軍の力によつて、米・英・蘭(らん)などの勢力は逐(お)ひはらはれ、以來住民は、わが國に導(みちび)かれながら希望にみちて働(はたら)くやうになりました。わが國人は、以前からこの地方で、熱帶の氣候や病氣やその他の困難(こんなん)に堪(た)へながら、いろいろの方面に活躍(くわつやく)してゐました。今後の活動は、いつそうめざましいことでありませう。華僑もいたるところに住み、主として商業方面に勢力を持つてゐます。

スマトラの住民の家

**石油とゴムのスマトラ**　スマトラは朝鮮をのぞいたわが國の大きさと同じくらゐな大島(だいたう)ですが、人口はあまり多くありません。住民は高原(かうげん)にも多く住んでゐますが、また北東部にひろがつてゐる平野の一部を伐(き)り開いて、ゴム・たばこ・やしなどを作り、大きな農場も數多く見受けられます。中でもゴムはマライ半島に次ぐ産額(さんがく)を示し、火山灰の積(つも)つた原野(げんや)にはよいゴム園(ゑん)があります。

　マライと同じく、我が國人の苦心(くしん)して經營(けいえい)したゴム園も少くありません。廣い高原地帶(ちたい)もあつて、やがて盛んに開拓(かいたく)されるでありませう。山の中には、りつぱな米倉(こめぐら)を持つ住民の住んでゐるところもあります。

戰爭前のパレンバンの石油積出場

　スマトラは、東亞第一の石油の産地であることを忘れてはなりません。勇敢(ゆうかん)なわが陸軍の落下傘部隊(らくかさんぶたい)が占領したパレンバン附近の油田(ゆでん)を始め、その北方のジャンビー附近、北部地方など、所々に油田があり、一年に五百萬トン以上を産します。マライ半島の方と連絡(れんらく)のあるバンカ・ビリトンなどの島々は、錫を多く産出するので有名です。

ジャワの山々

　人口の多いジャワ　　ジャワは大きさが朝鮮の六割ぐらゐですが、人口は朝鮮の二倍ほどもあつて、人口密度(みつど)の高いことは世界一といはれ、この點でほかの島々とは非常(ひじやう)に違(ちが)つてゐます。それは、一つにはこの土地が、たくさんの、しかもいろいろな産物に惠(めぐ)まれてゐるからであります。

　島の南側には、數多い火山が並んでゐて、富士山のやうな形の美しい山も見られます。道路や鐵道もよく發達して、ジャカルタ・スラバヤ・サマラン・バンドンなど、設備(せつび)のととのつたりつぱな都市があります。ジャワは、三百年の間、少數のオランダ人によつて、わがままな支配を受けたところです。住民の大部分はごく從順(じゆうじゆん)で、そまつな家屋(かをく)に住み、回教(くわいけう)を信じてゐます。ここには、華僑が約六十數萬人も住んでゐて、商業の方面で活動を續けてゐます。

ボイテンゾルグの植物園

ジャカルタは島の北西部にある政治・商業の中心地で、町は一帯の低地と、住宅などの多いやや高い部分とからなつてゐます。ジャカルタの南のボイテンゾルグには、世界一といはれる熱帯植物園(しよくぶつゑん)があります。スラバヤは、マズラ島をひかへた東インド第一の軍港で、商業も盛んに行はれてゐます。その沖からジャカルタ沖にかけての海戰で、わが海軍は、米・英・蘭の聯合艦隊(れんがふかんたい)を撃ち破りました。

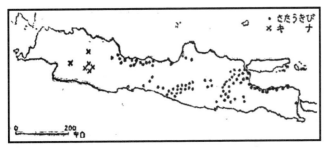

さたうきびとキナ

**さたうきびとキナ** ジャワには米を始め、さたうきび・ゴム・やし・タピオカ・たばこ・茶・コーヒー・キナ・じやがいもなど、ほとんど數へ切れないほどたくさんの産物がありますが、この中でいちばん有名なのは、さたうきびとキナです。

さたうきびは、主に平地(へいち)に栽培(さいばい)され、雨季(うき)と乾季(かんき)のわりあひはつきり分れてゐる中部から東部にかけての農園で、特に多く産します。今後大東亞の國々へ送り出されたり、アルコールの原料(げんれう)になつたりすることでありませう。

キナは熱帯地方でかかりやすいマラリヤ病をなほすのに、大切な藥の原料となる植物です。もと南米から移植(いしよく)したのですが、ジャワの土地によく適(てき)し、世界の九割を産するやうになりました。高さ一千メートル以上の高地(かうち)で、年中涼しく、雨が多く、しかも風のあまり強くない場所に適し、バンドン附近の山地がその中心地です。じゃがいもも、やはり高い土地でないとよくできません。この名は、ジャカルタの昔の名ジャガタラから起つたものです。タピオカはもつぱら住民の食料となつてゐます。

キナの森

**石油と森林のボルネオ**　ボルネオはわが國全體より少し大きい島で、北の方には四千メートル以上の山があります。海岸にあるいくつかの開けた港をのぞけば、大部分は、はてしない密林と沼澤(せうたく)です。川がこの島の主な交通路(かうつうろ)で、かな

り奥地(おくち)まで舟がのぼつて行きます。また、わにの住んでゐ
る川もあります。

　この島の鑛産のうち、最も大切なものは石油で、北西部のセリ
ヤ・ミリー、北東部のタラカン島、東部のバリクパパン附近のサ
ンガサンが油田などが有名です。今まで島全體から、年約二百五
十萬トンぐらゐを産してゐました。

戰爭前のバリクパパン

　平地は、いつぱんに暑くて雨が多く、ゴム・サゴやし・麻(あさ)
などに適し、またラワン・鐵木(てつぼく)などの有用(いうよう)な
材木が多く、次第に伐(き)り出されるやうになりませう。タワオ附
近では、わが國人によつて早くから農園が開かれ、また漁業も盛
んに行はれて來ました。南方のバンジェルマシンは、いかだや、
小舟や、くひの上に建てられたふうがはりな水上家屋(かをく)が密
集(みつしふ)してゐる大部落(ぶらく)です。また北西にあるクチン
は、支那風の商店の多い町です。

北ボルネオの住民

**セレベスとその他の島々**　　セレベスはボルネオの東部にあつて、細長い半島をかれこれ組合(くみあは)はせたやうな變つた形を

メナドの落下傘部隊

した山地の多い島です。北東部のミナハサ半島には美しい火山があり、その端(はし)にメナドがあります。わが海軍の落下傘部隊(らくかさんぶたい)が活躍(くわつやく)したところです。私たちと同じ祖先を持つと信じてゐる住民が、わが同胞(どうばう)の指導(しだう)

のもとに、ココやし・綿・米などの栽培を盛んに始めてゐます。
この附近では、以前からわが國人が、かつをやまぐろの漁業に活
動して來ました。

　メナドから船で行くと、大體四日で行ける南西の端(はし)のマ
カッサルは、東インド諸島(しよたう)のほぼ中心にある大切な港
で、大きな汽船も桟橋(さんばし)へ横着(よこづ)けることができ
ます。

　セレベスは、ボルネオと同様に深い森林におほはれた部分が多
く、ニッケルや鐵鑛も産出する見込みであります。森林からは、
したんやこくたんも伐(き)り出されます。

パプアの住民の家

　セレベスの東方にあるモルッカの島々は、昔、香料(かうれう)諸島と呼ばれたことがありますが、それはセレベスとともに、いろいろの香料を產出したからです。南の方にあるセラム島に近く、アンボンの要地があります。

　ジャワの東に續く島々は、東西にならんでゐて、ところどころに火山が、噴出(ふんしゆつ)してゐます。東方にあるチモル島は、コーヒー・ゴムなどのほか、石油・金が有望(いうばう)であるとされてゐます。

モミの綿の積み出し

　**未開の大島パプア**　　わが南洋群島の南にあるのがパプア島で、ボルネオよりさらに大きな島です。高い山脈が北西から南東へかけ、ほぼ島の眞中(まんなか)を走り、美しい極樂鳥(ごくらくてう)のすむといはれる深い山や谷があります。ちぢれ毛のパプア人が、全島でわづか八十萬ばかり住んでゐますが、海岸の　部をのぞくと、大部分はまだ殆んど開けてゐません。

しかし、わが國人が北西の海岸モミ附近で、綿・ジュートなどの試作(しさく)に成功してゐますから、農業の將來は有望であり、鑛産なども有望だとされてゐます。また森林からは、今後ダマール樹脂(じゆし)が、たくさん産出するでありませう。

ダマールの林

モミの北にマノクワリ港があり、島の南東にモレスビーの要地があります。この南東で珊瑚海(さんごかい)海戰が行はれ、わが海軍は大勝を博(はく)しました。パプアの北東にはビスマルク諸島があり、そのなかのニューブリテン島には、ラバウルの良港があつて、ソロモン諸島方面への大切な基地となつてゐます。ソロモン諸島は、パプア島の東方に、北西から南東へ續いてゐる小さな島々からなつてゐますが、東インドや濠洲などに近い要地を占め

てゐるので、大東亞戰爭では屢々戰場となり、皇軍は有名なソロモン海戰やブーゲンビル島沖航空戰などをはじめとして、數次(すうじ)の戰鬪(せんとう)で米軍を粉碎(ふんさい)しました。

　**フィリピン**　米國は、アジヤ方面へ發展する基地(きち)として、四十年來フィリピンを支配(しはい)して來ましたが、大東亞戰爭が始つて半年のうちに、わが軍は米國の勢力を驅逐(くちく)してしまひました。マニラ灣の北西のバターン半島や、入口にあるコレヒドール島には、はげしい戰のあとが見られます。

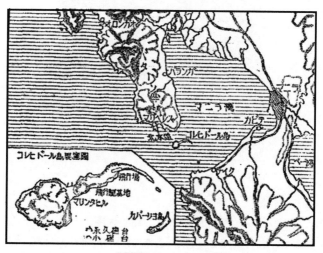

マニラ附近とコレヒドール島

　その後、フィリピンは、わが國の指導の下に更生(かうせい)し、今ではじルマとともに新興國(しんこうこく)として、着々と新建設(けんせつ)をすすめてゐます。

**さたうきび・コプラ・マニラ麻・銅**　フィリピン人は、私たちと同じく米を常食(じやうしよく)してゐます。米はルソン島を始め各地に産しますが、生産高のわりあひはわが國の三分の一にも及ばず、住民のたべるのにも不足してゐます。さたうきびは、ジヤワと同じく、雨季と乾季のはつきりしてゐる島々の中ほどか、西

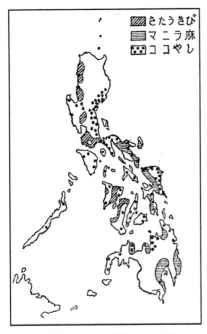

側の方に多く産します。將來(しやうらい)綿の栽培(さいばい)も有望です。ココやしは、風の強い島々の東側にもよく育ち、ちやうど我が國の海岸の松のやうな茂(しげ)り方です。實(み)はかわかし、コプラとして盛んに輸出します。

分布圖でわかるやうに、マニラ麻が、ミンダナオ島を主とする南部の島々に多いのは、年中雨が多く、颱風(たいふう)のえいきやうの少い場所に適してゐるからです。

さたうきび・マニラ麻・ココやし

銅・鐵・金・クロームなどは、この地方の大切な鑛産物で、鐵鑛は、前からわが國へ輸出されてゐました。銅の産出はこれからで、將來有望の見込みであります。廣い森林(しんりん)の中からは、ラワンがいちばん多く伐り出されてゐます。

ダバオの耕地

　　フィリピンの住民　　フィリピンの住民は、始めイスパニヤに支
配されてゐましたが、そのころから、大部分がキリスト教を信じ
るやうになりました。いつぱんに従順(じゆうじゆん)な性質(せい
しつ)を持つてゐますから、今後日本人の指導を受けて、なまけや
すい缺點も、次第に改めて行くでありませう。

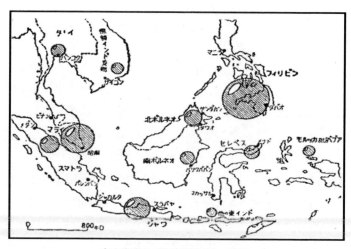

南方諸地方の戰爭前日本人の分布

住民と渡し船

菅沼貞風の墓碑

ミンダナオ島のダバオ附近には、四十年ぐらゐ前から我が國人が移住して、一時は二萬近くをかぞへ、農業や林業を盛んに營んでゐました。マニラ麻を有名にしたのも、全くこれら邦人の努力のたまものです。また戰前マニラ市には約四千五百人、マニラ北

方にある千數百米の高地バギオ附近にも、約三千人の日本人が住んでゐました。マニラ郊外(かうぐわい)には、これら多くの邦人の發展の先驅(せんく)として、明治の中頃フィリピンに渡つて活動し、遂に彼の地で客死(かくし)した菅沼貞風(すがぬまていふう)の墓碑(ぼひ)があります。

　マニラは設備(せつび)のととのつた商港で、近くにはカビテの軍港があります。このほかセブ・イロイロなども、前から邦人の住んでゐたところで、それぞれ地方の中心都市です。

## 四　インドとインド洋

インドはアジヤ大陸の南西、インド洋に突(つ)き出てゐる大きな
半島で、面積はわが國の六倍もあります。インド洋の北は、この
ため東のベンガル灣と、西のアラビヤ海とに分けられてゐます。

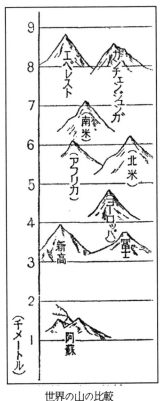

世界の山の比較

地圖で見ると、インドは、大
體次の三つの部分から成つてゐ
ることがわかります。南の三角
形の部分を占めるデカン高原、
北のヒマラヤ山脈地帶、及びこ
の二つの間のインド平野がそれ
です。このうちでいちばん大切
なのは、インド平野で、東のガ
ンジス川流域と、西のインダス
川流域から成り、それがひと續
きになつてゐます。ガンジス川
の下流には、低濕(ていしつ)な部
分がひろがり、川口には大きな
三角洲(さんかくす)が見られま
す。インダス川の上流は、五つ
の川にわかれて五河(ごか)地方と
呼ばれ、中流附近の東部一帶は
沙漠になつてゐます。

ヒマラヤの山々

　デカン高原は古い堅(かた)い岩石の高原で、北西部には熔岩(ようがん)でできた土地があり、西端(せいたん)にこの高原中のいちばん高いところが續いてゐます。臺灣の二倍ぐらゐあるセーロン島は、インドの南東端に近いところにあつて、インド洋北部の要地をなしてゐます。千古の雪をいただくヒマラヤ山脈は、インドとチベットの間に、ほぼ東西に長く、天をくぎつてそびえてゐます。中でも世界の最高峯(さいかうほう)エベレスト、また氷河(ひようが)で名高いカンチェンジュンガは、群を拔いて高く、ダージリンから望む山々の雄大(ゆうだい)な眺(なが)めは、まことにすばらしいものです。インドの北東は、ビルマ山脈でへだてられ、北西にはインダス川流域を越えて、イラン高原の續きの山地があります。

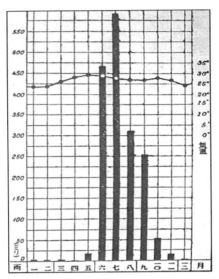

ボンベーの氣候表

　　**はげしい季節風(きせつふう)**　インドほどはげしい季節風の吹く
ところは、世界に例がありません。風の向きはインド支那と同じ
く、六月ごろから九月ごろまで、南西の風が吹き續き、インドの
大部分にたくさんの雨を降らせます。たとへばボンベーでは五月
にわづか二十ミリの雨しか降らないのに、六月には五百ミリ近く
も降るのです。この雨が何かのぐあひで少しでもおくれると、そ
れを待ちかねてゐる作物(さくもつ)は、たちまちその成長をさまた
げられます。綿を始め、茶・さたうきび・米なども、皆そのえい
きやうをかうむります。いちばん雨の多いのは、インドの北東部
にあるアッサム地方で、ちやうど夏の雨を受けるに都合のよい山

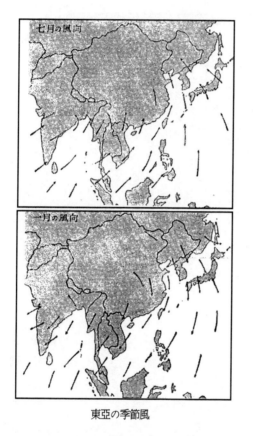

七月の風向

一月の風向

東亞の季節風

の南側(みなみがは)の斜面(しやめん)になつてゐますから、雨の多いことは世界一といはれてゐます。

一、二月ごろはインド支那と同じく北東風で、陸から吹く乾(かわ)いた風ですから、インドの大部分はほとんど雨が降らず、ただセーロン島の東側(ひがしがは)や、マドラス附近のベンガル灣にのぞんだ部分に少し降るだけです。

　アジヤの東側の日本を始め、滿洲・支那・インド支那など、各地ともかうした季節風に見まはれてゐますが、インドではそれがいちばんはげしいのです。この季節風は、東亞共通の現象(げんしやう)であり、東亞の人たちはこの風によつて育ち、この風によつて生活してゐるといつてよいぐらゐです。

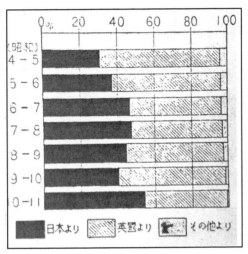

インドへはいる綿布のわりあひ

**綿・ジュート・鐵**　　季節風の雨によつて生育するインドの綿は、米國に次いで世界第二の産額(さんがく)を示してゐます。かつてわが國は、ここからたくさんの綿を買ひ入れ、それを綿絲(めんし)とし綿布(めんぷ)に織(お)つてインドへ再び輸出し、その量も一時は英國からはいるものをしのぐほどでした。そこで英國はわが國の品物にずゐぶん高い關税(くわんぜい)をかけ、わが國にも、またインド人自身にも、迷惑(めいわく)をかけるやうに仕向けました。これに對し、わが國ではやむをえず、インドの綿を買はないことにしたこともありますが、それがまた綿を作つてゐるインドの農民に痛手(いたで)を與へることになり、いつそう英國をうらむやうになりました。かうしたことだけでも、どんなにわが國とインドとの關係が深いかがわかるのです。

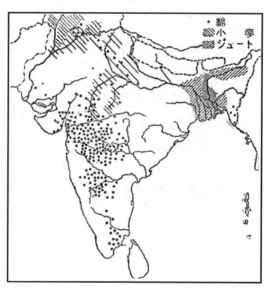

綿 小麥 ジュートの分布

ボンベーの綿の積み出し

　分布圖でわかるやうに、綿は、デカン高原の北西部を中心とし
て取れますが、この地方は火山質の黒い土からなつてゐるので、
それをあらかじめ耕しておいて、六月の雨を待つて種をまきま
す。この土は、水分をよくふくむので、綿はりつぱに育ちます。
作られた綿はボンベーからわが國や英國へ送られてゐました。ボ
ンベーには、日本人の紡績(ばうせき)工場もあつたほどです。

カルカッタ

　綿のほかに、小麥・さたうきび・ジュート・菜種(なたね)・米・
阿片(あへん)など、農業國インドにふさはしい産出を見るのです
が、このうちインドを代表するものの一つは、ジュートです。こ
れは、ガンジス川下流低地などのやうに、夏の間水の絶(た)えな
い、暑いところにかぎつて生育する作物(さくもつ)で世界でもあま
り例のない特産物です。わが國で南京袋(なんきんぶくろ)といつて

ゐる袋(ふくろ)の原料となり、そのほか織物(おりもの)や、製紙の原料にも使はれます。ジュートは、これまでインド平野の入口の港カルカッタから、盛んに海外へ送り出されてゐました。米やさたうきびは、産額(さんがく)が少くありませんが、インド人の食料としてはまだ不足で、以前からビルマの米や、ジャワのさたうを買ひ入れてゐました。

茶は雨の多いアッサム地方や、セーロン島の傾斜地(けいしやち)によくでき、セーロン島で産するものは、コロンボの港から海外へ送り出されます。小麥は、比較的涼しくて雨の少い五河(ごか)地方からガンジス川上流にある首府のデリー附近一帶が主産地です。ヒマラヤの雪どけの水を引いて作るのが多く、冬から春の間に育ちます。

コロンボ

鑛産物としては、石炭・鐵・マンガンなどが知られてゐます。鐵鑛は各地から産出し、もとわが國へも盛んに送り出されてゐま

した。英國は、以前から本國のものを賣りつけるため、インドの工業の發達することを喜ばなかつたのですが、最近では綿や鐵を利用して工業が興つてゐます。

　**英国とインドの住民**　　以上のやうに、インドは物産が豐(ゆた)かであるのに、インド人の多數は實にまづしい生活をして來ました。それといふのも、インドが百二三十年前から、全く英國の支配を受けるやうになつたからです。三億八千萬のインド人は、わづか二十萬たらずの英國人によつて治められてゐるのです。

アンダマン島の敵前上陸

　インドは、佛教の起つたところで、釋迦(しやか)は今から二千六百年ぐらゐ前に生れ、ガンジス川の流域地方に住む當時のインド人の心を救ひました。しかし、現在では佛教を信じるものがわりあひ少く、大部分は、インド教徒(けうと)と回教徒(くわいけう

と)であります。英國はこれらの教徒をお互に反目(はんもく)させるやうにし、またインド内の王のゐる土地と、英國の直接治める土地との二つをも仲たがひさせて、インドの獨立をさまたげようとしてゐたのです。

　かうしたあはれなインド人にも、今こそ立ちあがる時が來たのです。大東亞の建設は、すべてのアジヤ人をしてそのところを得させることを目標(もくへう)としてゐます。われわれも、そのために將來ますます努力しなければなりません。

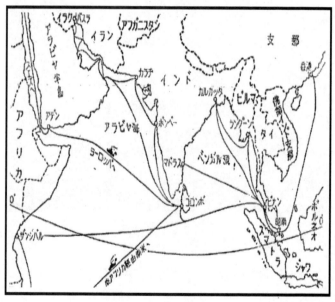

わがインド洋航路

インド洋　インド洋は、太平・大西兩洋に次ぐ世界第三の大きな海で、東は太平洋に連(つら)なり、北西は紅海(こうかい)・スエズ運河(うんが)を越えて地中海(ちちゆうかい)へ連絡(れんらく)し、南西は、アフリカの喜望峰(きばうほう)をめぐつて大西洋へも續いてゐます。太平洋や大西洋との違(ちが)ひは、ただ北の方がアジヤ大陸でくぎられてゐて、赤道以北はわづかしかないことです。インド洋は、インドを始め濠洲(がうしう)、アフリカの東岸など、英國の領土(りやうど)で大部分取りまかれてゐました。それをまもるため、英國はセーロン島のコロンボ・ツリンコマリー、アラビヤ半島南端のアデン、濠洲のダーウィン、南アフリカのケープタウンなどに、海軍の基地をかためてゐました。わが國の占領した昭南港は、そのうちのいちばん大切なものでした。インド洋の南西にあるマダガスカルは、わが國全體より少し小さいぐらゐの大島で、軍事上から特に大切です。

わが國の汽船は、戰爭前、はげしい季節風の吹く、波風の荒いインド洋を乗り越えて、盛んにヨーロッパやアフリカと交通してゐました。中にはインド洋を斜(ななめ)に横切つて南米へ通ふ船もありました。またわが漁船も遠くこの方面へも進出してゐたほどです。大東亞戰爭で、インド洋北東部の島々をわが軍が占領してからは、情勢(じやうせい)が變り、わが海軍はここへ堂々(だうだう)と乗り出して力強く活躍(くわつやく)を續けてゐます。

## 五　西アジヤと中アジヤ

　アジヤ大陸の西部にある西アジヤは、ヨーロッパ・アフリカに隣り合つてゐる地方です。この地方は、インドの北西部のアフガニスタン・イラン・イラク・アラビヤ半島、西方のトルコ・コーカシヤ、その他の國々から成つてゐます。

　英國は、地中海を越え、スエズ運河を通り、アデンを經(へ)て、インドをまもるために、米國とともに、この地方とは最近特に深い關係を結んでゐます。ロシヤはまた、北から海を求(もと)めてインド洋へ出るために、アフガニスタンからインドをうかがひ、イランへ侵入(しんにふ)してゐます。ドイツも、またこの地方に特別の關心(くわんしん)を持つてゐます。

泉地と回教徒

　わが國は、もとこの地方へ綿布(めんぷ)をたくさん輸出してゐま
したし、今やインド洋へ進出してゐる關係からいつても、この地
方をゆるがせにすることはできません。

　西アジヤの北東部にあつて、内陸の大きな平原をなす地方が中
アジヤで、ここは全くロシヤの一部であります。

　**高原と暑い沙漠**　西アジヤは、歴史上、早くから開けたメソポ
タミヤ平原をのぞくと、いつぱんに高原で、内陸部は、夏特に暑
く、雨が少く、大部分は沙漠となつてゐます。高原の草地(さうち)
では、わづかに羊や山羊(やぎ)が飼はれ、沙漠の中では、稀にある
水のわき出る泉地(せんち)の附近で、少しばかり農業が營(いとな)
まれてゐます。泉地には、普通なつめやしが茂つてゐるので、遠
方(えんぱう)からもそれがわかります。らくだに乗つた隊商(たい
しやう)は、泉地から泉地への旅を續け、近ごろは自動車も盛んに
利用されてゐます。

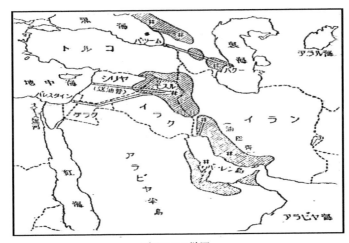

西アジヤの油田

　アフガニスタンは、インドとロ領にはさまれた國で、首府はカブールです。

　イランのもとの名はペルシヤで、首府のテヘランからペルシヤ灣へ通じる鐵道があります。この國の南部や、南西部からイラクにかけては、有名な石油の産地があり、送油管(そうゆくわん)が沙漠を走つて、ペルシヤ灣へも、また遠く地中海へも達してゐます。

　チグリス川の中流に、バグダード鐵道の通るバグダードがあり、近くにバビロンの遺跡(ゐせき)があります。下流にあるバスラは、ペルシヤ灣へ出る要地で、上流附近のモスルは、イラク方面の油田の中心地です。

なつめやし

　黑海(こくかい)と地中海にはさまれた、小アジヤ牛島の高原國トルコは、産業はあまり發達してゐませんが、亞歐(あおう)を連絡す

る政治上大切な地方をなし、内陸には首府アンカラがあります。

地中海にのぞむシリヤ地方ではオリーブ・ぶだう・いちぢく・みかんなどを産し、その南方のパレスタインはユダヤ人の郷土です。

大きな高原状のアラビヤ半島は、アフリカとスエズ運河で接してゐます。紅海(こうかい)にのぞむ高原の中にメッカ・メジナがあり、南端には要地アデンがあります。

コーカシヤでは、コーカサス山脈の北側にも南側にも、方々に油田があつて、バクーは特に有名です。

回教徒の分布

**中アジヤの草原**　東は支那の山地とパミル高原、南は西アジヤの高原にかこまれた中アジヤは、すべての川が海への出口を持つてゐません。雨がほとんど降らないので、草原(さうげん)と沙漠が續き、トルコ人がところどころで、草地(さうち)を追つて羊や山

羊(やぎ)を飼ひ、また川のふちで引き水をして、綿や小麥などを栽培(さいばい)してゐるものもあります。東部の高い山地から流れ出る川をせきとめて水力電氣をおこし、これを利用して、最近ロシヤは工業を盛んに興(おこ)してゐます。

　この地方は、昔から天山南北路(てんざんなんぼくろ)を通じて、東亞とヨーロッパとの通路に當つてゐました。

アラビヤの町

　　回敎徒(くわいけうと)　西アジヤと中アジヤに住む人々はみんなアジヤ人で、回敎を信じてゐます。回敎は、今から千三百餘年前、アラビヤ半島の西部に起つた宗敎(しゆうけう)で、マホメットが始めたのでマホメット敎ともいひます。沙漠的なはげしいところのある宗敎です。世界中には、およそ三億の回敎徒がゐるといはれます。

　この地方の町や部落には、きまつたやうに尖(とが)つた高い塔(たふ)と、丸屋根(まるやね)の回教寺院が見られ、金曜日には、いつも回教徒の熱心な禮拜が行はれます。回教徒は、わが國から買ひ入れた白色の布を用ひ、ふつう裾(すそ)の長い衣服(いふく)を着てゐます。いつぱんに、煉瓦(れんぐわ)かしつくひの家が多く屋根は雨が少いため平なものや、回教式の丸いものが見られます。

　この地方はまたキリスト教の起つたところで、地中海に近いエルサレムは、キリスト教の聖地(せいち)であります。

# 六 シベリヤ

滿洲とわが國の北邊(ほくへん)一帶に、ひろがつてゐるシベリヤは、わが國の約十八倍の大きさがありますが、その大部分は北緯(ほくゐ)五十度より北にあつて、樺太や北滿などよりも、もつと寒冷(かんれい)な地方です。今から三百年ぐらゐ前、ロシヤ人は、ウラル山脈を越えて、この地方一帶へやつて來ました。

そ　り

この地方に住むロシヤ人の一部は、黑龍江(こくりゆうかう)の流域や、シベリヤ西方のオビ川・エニセー川などの上流に近い平原で、夏の間の少し高くなる氣溫と、日の長いのを利用して小麥・燕麥(えんばく)・じやがいも・甜菜(てんさい)などを作つてゐます。いつぱんに、冬は壁(かべ)の中へ火氣(くわき)をとぢこめて部屋(へや)を暖めるペチカで、やつと寒さをしのいでゐます。

ツンドラととなかい

　シベリヤには、針葉樹(しんえふじゆ)やしらかばを主とする廣い森林地帯があるので、それから伐(き)り出す木材によつて、燃料(ねんれう)には少しも不自由をしません。隨つて、パルプの原料も、無盡藏(むじんざう)といつてよいほどです。また森林地帯に住むきつねやてんなどの毛皮は、この地方の人々のよい防寒具(ばうかんぐ)になります。

　一方シベリヤの北部、北極海(ほくきよくかい)にのぞむ一帯の地域は、ツンドラ帯と呼ばれて、樹木も生えず、一年中地下は凍(こほ)つてゐます。ただその一部は、夏の間だけ地面(ぢめん)に苔(こけ)が生(は)え、それでとなかいが飼はれます。主な川は、北の方へ流れてゐますが、下流はツンドラ帯にあるので、水はうまくはけません。北極海では、夏のある期間だけ氷がとけるので、船もベーリング海峡を越えて、太平洋から大西洋へ拔けられます。

わが北洋の漁場

　　わが北洋(ほくやう)漁業と北樺太の石油・石炭　　日本海の北部か
らオホーツク海・ベーリング海へかけて行はれる、いはゆる北洋
漁業は、わが國が早くからその一部漁場を開いたのであり、特に
明治三十七・八年戰役の勝利によつて、始めて全體の權益(けんえ
き)が確實(かくじつ)になつたものです。毎年四月から九月末まで
の漁期には、約四萬人のわが漁夫たちが、遠く離れた北洋へ進出
し、濃霧(のうむ)や風波(ふうは)や、その他あらゆる困難(こんな
ん)とたたかひながら勇ましく活動します。かうしてたくさんのさ
け・ます・たら・かれひ・たらばがになどを取り、中でもさけやた

らばがには、船の中、または千島列島の北部の占守(しゆむしゆ)、幌筵(ほろむしろ)などの島々や、カムチャッカ半島の海岸などで、かんづめに作ります。

たらばかにとかれひ

北樺太は、北緯五十度を境として、わが南樺太と接してゐますが、ひとしく針葉樹林の續く景色から見ただけでも、南と北の區別(くべつ)はなく、全くひと續きをなす地方であることがわかります。また、樺太と間宮(まみや)海峽をへだてて相對してゐる沿海州(えんかいしう)一帶も、森林の多い地方です。

北樺太には、わが國と關係の深い油田や炭田があります。東海岸のオハや、カタングリなどを中心とする油田から、わが會社の手によつて、年約二十萬トン以上の石油が採取(さいしゆ)され、また西海岸のドウエを中心とする炭田から、多くの石炭が、やはりわが國人の手によつて掘り出されてゐたことがあります。

日・満・ロの国境　　ロシヤは、滿洲國の北半の國境をぐるりと取りまいてをり、また南東の方面では、わが朝鮮と直接境を接してゐます。それらの國境は、すでに滿洲のところでしらべたやうに、流れの移動(いどう)しやすい川で境されてゐるところが多く、また外蒙古(そともうこ)との間は、はつきりと區別のつきにくい荒野(くわうや)などで境してゐるのです。またロシヤの太平洋艦隊の根據地(こんきよち)であり、飛行基地(きち)であるウラジオストックは、日本海をへだてて、わが國へひとまたぎのところにあつて、東京とはわづかに一千キロあまり、飛行機で三時間ぐらゐしか離れてをりません。

シベリヤ鉄道　　ウラジオストックを發し、ハバロフスク・チタ・イルクーツクなどを通つて、はるかにヨーロッパへ達する鐵道を、ふつうシベリヤ鐵道と呼んでゐます。朝鮮からは、滿洲の町々を通り、北西部にある國境の町滿洲里(まんしうり)でこれに連絡(れんらく)し、かつては旅行も物資(ぶつし)輸送も自由に行はれてゐました。

ウラジオストック

地圖でわかるやうにシベリヤ鐵道や黑龍江などに沿つて、主な町々があり、特に工業地としては、バイカル湖の南西にあるイルクーツクや、黑龍江の下流に近いハバロフスク・コムソモリスクなどが有名です。黑龍江は冬の間凍りますが、あとは水運も便利で、海の出口としてニコライエフスクがあります。

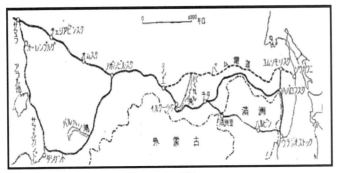

シベリヤ鐵道

シベリヤ鐵道附近の山地には、金・銀・鐵・石炭などもたくさんあるもやうです。また西方のオビ川の上流に近いノボシビルスクやスターリンスク方面では、附近から產する鐵や石炭を利用して、重工業が盛んに行はれてゐます。最近ではシベリヤ鐵道の北方を通るバム鐵道が計畫され、その一部はすでにできあがつてゐます。

# 七　太平洋とその島々

干潮時の珊瑚礁

　北は霧(きり)とあらしのベーリング海から、南は珊瑚礁(さんごせう)の浮かぶ熱帶の海を越えて、さらに氷にとざされる南極海(なんきよくかい)まで、西はアジヤ大陸から東は南北アメリカまで、この間にはさまれた太平洋は、地球の表面の三分の一を占め、大西洋の二倍もある廣さです。

　この大きな太平洋の中に、數(かぞ)へ切れないほどの島々が、空の星のやうに散らばつてゐます。西南太平洋の大きな島々を始め、水面に見えかくれする珊瑚礁から、三千メートル以上の高さを持つ島々まで、いろいろの種類の島がこの大海に抱(いだ)かれてゐます。

珊瑚礁とまるき舟

　島々には、はなればなれの生活をして、ふしぎな風俗(ふうぞく)や習慣(しふくわん)をもつ住民がゐるかと思ふと、舟といふ便利な交通機關で結ばれ、思はぬところに思はぬ親類のやうな住民を見ることがあります。中には、まだみつからない、いはゆる無人島(むじんたう)さへあるだらうと思はれます。

　いかに小さい島でも、それが要所に當つてゐれば、軍事上・交通上非常に大切で、飛行機や潜水艦(せんすゐかん)の基地となりますから、各國は早くからさうした島々をゆるがせにしませんでした。わが國は、歐洲大戰後、南洋群島を治めてゐますが、それは太平洋上に日本の力をのばす上からいつて、極めて大切なことでした。

　**霧**のアリューシャン　太平洋の北の端(はし)にあるベーリング海をくぎりながら、アジヤとアメリカとの間に、じゆずのやうにつ

ながつてゐるのが、アリユーシャン列島です。この列島は、多くの火山の島々からできてゐて、わが千島列島とよく似てゐます。列島の南方を黑潮(くろしほ)が流れ、北のベーリング海の冷(つめた)い空氣と、黑潮に乘つて來る暖い空氣が、ちやうどこの列島附近で出あふので、はげしい濃霧(のうむ)すなはちガスが發生(はつせい)して、この列島を包みます。このため、空氣はひえびえとして、ほとんど樹木の生育を許しません。四季を通じて曇りが多く、夏は濃霧にとざされ、冬ははげしい西風の吹くのがこの地方の氣候上の特色です。でも、毎年四月を過ぎると次第に晝間が長くなり、五月にはアリユーシャン續きのアラスカのユーコン川の氷もとけ始め、六月から九月までは、濃霧にとざされながらもどうやら船の航行(かうかう)ができるのです。

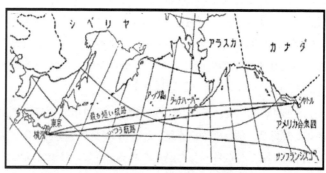

アリユーシャン列島近くの航路

　この地方は、東亞に對する米國の北の進攻路(しんこうろ)に當(あた)り、ダッチハーバーは敵の最も有力な根據地(こんきよち)です。

　この列島附近は、地圖でわかるやうに、北太平洋の大切な航路に當つてゐます。すなはち、横濱・シヤトル間のいちばん短い道すぢに當るのです。

　島々には一千人たらずの住民が住んでゐて、海ではあしかやさけを取り、陸ではきつねなどを飼ひ、また一部ではとなかいを飼つて生活してゐます。

　元來北洋一帶は水産業の寶庫(はうこ)といはれ、さけ・たらを始め、魚類や海獸(かいじう)が非常に豐(ゆた)かですから、わが北洋漁業は、今後この地方でもいつそう進展し、すぐれた漁法によつて盛んに漁獲(ぎよくわく)するやうになることと思はれます。

　ハワイとミッドウェー　　昭和十六年十二月八日のあけがた、突然眞珠灣(しんじゆわん)の大爆撃(ばくげき)が敢行(かんかう)され、大東亞戰爭の幕が切つて落されたのであります。

眞珠灣の攻撃

　ハワイ諸島は、太平洋上の重大な位置を占めてゐます。横濱からホノルルまでは三千四百海里、すなはち六千三百キロ、ホノルルから米國の(サンフランシスコ)までは約二千百海里、また濠洲(がうしう)のシドニーまでは四千四百海里、パナマ運河(うんが)までは四千七百海里あつて、ハワイはちやうど太平洋上の十字路に當つてゐます。

　米國は戰前、その大艦隊をここに集めて、東亞をうかがつてゐましたが、わが勇敢な海軍の前にはひとたまりもなく、一舉にしてほとんど擊滅(げきめつ)されてしまつたのです。

　ハワイの島々は北回歸線(きたくわいきせん)より少し南にあつて、貿易風(ぼうえきふう)がたえず吹き、雨も適度(てきど)でわりあひに涼しく、四季を通じて初夏(しよか)のやうな氣候です。火山島で地味(ちみ)もよいため、さたうきびやパイナツプルを產出します。

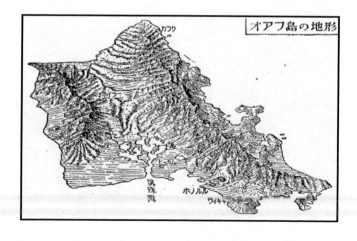

ホノルルや眞珠灣のあるオアフ島は、濟州(さいしう)島よりせまい島ですが、古い火山の間のゆるやかな谷に、畠がよく開かれてゐます。日本人がいちばんたくさん住んでゐるのもこの島です。元來日本人の數は、ハワイ諸島全體にかけて十六七萬人に及び、全人口の約四割を占めてゐる上に、農業・水產業を始め、多くの產業は、ほとんど日本人の手によつて行はれてゐますから、ハワイ諸島はいはば日本の島と見ることができるのです。オアフ島の南東にあるハワイ島は、いちばん大きな島で、農業が行はれ、島内には四千メートルを越える高い火山が二つもあり、いつも熔岩(ようがん)を噴(ふ)き出してゐる火山もあるので有名です。

ミッドウェーは、ハワイ諸島の西にあります。直徑約十キロのまるい珊瑚礁(さんごせう)の中に二つの島があり、もとから海底電線(かいていでんせん)の通つてゐるところでしたが、その後、アメリカ海軍の基地として、大鳥島・グアム・マニラなど、わが軍にいち早く占領された基地と連絡する大切な場所でした。わが海軍は、しばしばこの島をも爆擊してゐます。

サモアとフィジー　　ハワイ諸島の西方や南方に散らばつてゐる無數の小さな島々のうちには、たくさんの大切な島があつて、わが海軍の爆擊を受けたものも少くありません。殊に赤道より南方にあつて、米本土と濠洲やニュージーランドを連絡する道すぢにあるサモアやフィジーなどの島々は、海底電線が通り、航路に當つてゐることから見てもすぐ重要であることに氣がつくでせう。

サモア諸島は十數個(じふすうこ)の小島(こじま)が集合し、ココやしやパンの木でうづまつた南太平洋上の美しい島々の一つです。

　この島々の住民の中には、くらやみには魔物(まもの)がすんでゐると信じ、それを恐れるあまり、夜中(よなか)でもあかりをつけ通しにしてゐるものもあります。島々のなかほどにあつて、ニュージーランドの治めてゐるアピヤ港は、以前から米・濠間の航路に當つてをり、またパゴパゴは米國海軍根據地(こんきよち)の一つです。

タヒチ島の住民とやし

　サモア諸島の南西にあるフィジー諸島は、大小二百數十の島々から成り、わりあひ大きなビチレブ島にあるスバは特に要地で、珊瑚礁の內側は波の靜かな良港です。もとは食人の風習をもつ住民でしたが、英國人が來るやうになつて、いろいろの病氣に感染(かんせん)して人口はどんどんへりました。はしかのため、一度に數萬の人々が死んだこともあります。

　サモア諸島の南東には、タヒチ島のあるソシエテ諸島やクック諸島があるし、わが南洋群島の南東に近く、ギルバート諸島・オーシャン島・ナウル島などがあります。オーシャン島・ナウル島はアンガウル島と同じやうに、燐鑛(りんくわう)が取れるので有名です。

南方の河岸のマングローブ

　**ニッケルの島ニューカレドニヤ**　フィジー諸島と濠洲の間にあつて、四國より少し大きい島が、ニューカレドニヤです。この島には、ニッケル・クローム・鐵が產出し、何れも前からわが國へ送り出されてゐました。ニッケルは特に有名で、カナダに次ぎ世界第二の產地です。この鑛山に働くため、ここへ渡つて來たわが國の人たちが一時は千數百名にのぼり、のちには商業・農業など、各方面に働いてゐました。フランスはこの島へ罪人(ざいにん)を送り、それらの子孫も數百人にのぼつてゐます。島の南端にあるヌーメヤは良港です。ニューカレドニヤとフィジー諸島との間には、ソロモン諸島に續くニューヘブライズ諸島があります。

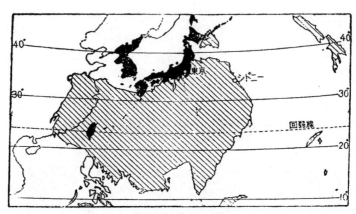

わが國と豪洲の重ね合せ

**羊毛と小麥の濠洲(がうしう)**　濠洲は、わが國とは赤道をへだてた南側(みなみがは)の端(はし)にあつて、わが國と似た位置にあります。わが國と濠洲とをくらべて見るため、これを重ね合せるには、圖のやうに濠洲をさかさまにしなければなりません。わが國では、南方の臺灣が氣候において亞熱帶性(あねつたいせい)をあらはしてゐるのに、濠洲では反對に、北ほど熱帶性なのです。それで東京とシドニーは、同じぐらゐの緯度にあつて、どちらも氣候のよいことがわかります。

　濠洲は、大きさがわが國の十一倍もありますが、人口はわづか七百萬で、東京都ぐらゐしかありません。以前から住んでゐた住民は、百萬人もあつたのが、百年あまりの間に五萬人ばかりにへつてしまひました。これは、本國から流されて來た英國人やその子孫が、住民をいぢめ、すゐぶんざんこくな仕打(しうち)をしたからです。

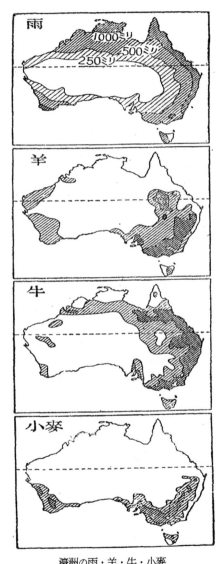

濠洲の雨・羊・牛・小麥

濠洲の北部一帶には熱帶多雨の地方があるし、中央から西部へかけては沙漠があつて、英國人が住むのに適しない部分が廣いのです。しかしさういふ地域へも、從來はアジヤ人を決して入れようとはせず、いはゆる白濠洲(はくがうしう)といつて、英國人以外には全く門戸(もんこ)をとざしてゐる有樣です。その中に二千人ばかりの日本人がゐるのは、木曜島などで行はれる眞珠貝(しんじゆがひ)の採取(さいしゆ)に、どうしても日本人が必要だからで、これも勝手な口實(こうじつ)で許してゐたに過ぎません。

　濠洲は世界一の羊毛の產地です。メリノ種の羊が多く、これは元來乾燥地(かんさうち)に適し濕氣(しつき)が多かつたり、雨量も年千ミリ以上あつたりする土地では病氣になります。しかもあまり雨量のないところ、例へば五百ミリ以上では牧草(ぼくさう)がよく育ちませんから、飼ふのに不便となります。濠洲の東部にある山脈の西側のゆるい傾斜地(けいしやち)は、雨がちやうど六七百ミリぐらゐ降るので、この羊を飼ふにはまことに絕好(ぜつかう)の地です。それでも、年によつて雨のごく少い時には、羊がたふれることもあります。また牧草を食ひつくす野兎(のうさぎ)も、羊の敵として恐れられてゐます。そこで、雨の少い地方では盛んに掘拔(ほりぬ)き井戶を掘り、また野兎のためには、ところにより地上地下とも各々約一メートルぐらゐの金網(かなあみ)を、長々と張りめぐらして防(ふせ)いでゐます。

羊 の 群

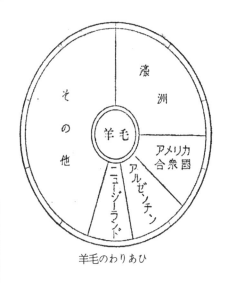

羊毛のわりあひ

牛も世界的に有名な産地ですが、これは少しぐらゐ暑い地方でも、また雨の多い地方でも、飼ふことができます。小麥の分布がわづかに南部の地方にかぎられてゐるのは、北滿と似て雨の少い溫帶に適するからです。かうして產出する羊毛・牛皮・小麥などは、主として英國へ送り出され、かつては日本へもたくさん輸出されてゐました。濠洲にはこのほか金・石炭・亞鉛(あえん)・鉛(なまり)なども產出します。

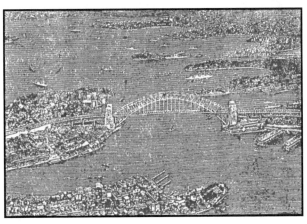

シ ド ニ ー

　東海岸にはシドニー・ニューカッスル・ブリスベーン・タウンスビルなどの都市が並び、南海岸にはメルボルンがあります。また東インドの島々に近く、ダーウィンや、その他注意すべき要地があります。シドニーは奥深い入江にのぞむ商工業の大中心地で、その南西約二百五十キロのカンベラには、總督(そうとく)がゐます。

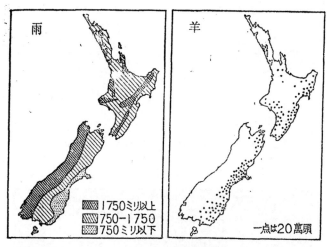

ニュージーランドの雨と羊

　**二つの島ニュージーランド**　南太平洋のいちばん南にあるニュージーランドは、北島・南島の二つから成り、全體の形が細長いこと、地震(ちしん)の多いこと、火山のあること、溫泉のあること、風光の美しいこと、溫帶にあることなど、わが國とよく似たところです。ただこの島々では、南に行くほど寒くなるのがわが國と違ふ點です。

　大きさは、本州と九州を合せたぐらゐで、しかも人口はわづか百六十萬人に過ぎません。大部分は英國人ですが、もとからの住民のマオリ族は八萬人ぐらゐで、顔かたちや、ことばや、武をたつとぶ精神など、日本人と似てゐるところから、非常にわが國に親しみを持つてゐます。

　小麥や羊は特に南島の東側に多く產し、北島には牛がたくさん飼はれてゐて人口一人あたり牛と羊の數は世界でもいちばん多いくらゐです。乳牛(にゆうぎう)も多く良質のバタやチーズが作られ、羊毛とともにウェリントンやオークランドから積み出されます。

　濠洲やニュージーランドの南は、はるか南極海(なんきよくかい)へ續いてゐます。そこは、わが捕鯨船(ほけいせん)の活躍(くわつやく)するところとして注意しなければなりません。

　**太平洋をめぐる地方と日本の将来**　太平洋をめぐる大陸・島々のうち、わが本州やパプア島、さては南北アメリカなどでは、海岸に近く山々が三四千メートルの高さにそびえてゐます。さうしてそれに沿(そ)ふやうに，海底には、ぐつと急に深いところが續き、時にはわが國の南東部にある日本海溝(かいこう)やフィリピンの東側にあるフィリピン海溝のやうに、一萬メートル以上の深さのところがあります。また、これらに關係のあるやうに、大陸のふちや、島々を縫(ぬ)ひながら、火山が續いてゐて、太平洋をめぐる島々・大陸は、まことに深いゆかりのあることを示してゐます。

カムチャッカの火山

　北太平洋には、赤道附近から起り、わが國の南東を洗ひなが
ら、規則正しく流れる黑潮があつて、遠くその暖かな空氣を、北
アメリカの北西岸へ運んでゐます。また一方ベーリング海や、オ
ホーツク海から、わが近海へ流れくだる寒流があります。南太平
洋にも、これと似た流れ方の海流があつて、遠い昔からこれらの
海流は、交通や漁業に利用されて來ました。

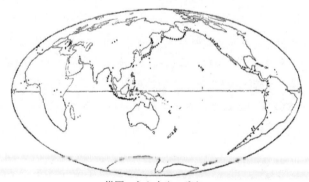

世界の主な火山の分布

太平洋とアジヤ大陸の間には、夏と冬で向きの違つた風の吹く
ことは、東亞の各地で學んだことですが、この季節風のほかに、
太平洋中の貿易風(ぼうえきふう)や、時々起る颱風(たいふう)や、
熱帯のスコールなどは、太平洋をめぐる地方や島々の人たちに、
大きなえいきやうを與へてゐます。

同じく太平洋の大自然に育てられ、はぐくまれた中にも、わが
大日本は、神代(かみよ)の昔から海洋の國として存在し、いよいよ
榮え、いよいよ發展して今日に至りました。海に親(した)しんだわ
れらの祖先は、大八洲(おほやしま)を始め、たくさんの島々をりつ
ぱに經營(けいえい)し續けて來ました。近世德川氏の政策(せいさ
く)によつて、しばらく國をとざしてゐる間に、太平洋の島々との
連絡(れんらく)が絕(た)え、そのあひだ、歐米人は、わが國に近い
島々までわがもの顔にふるまひましたが、今や再び太平洋は、御
稜威のもと、アジヤの海として、その本來(ほんらい)の姿をあらは
し始めました。

太平洋とその島々を、その名の如くに太平にすることこそ、海
洋の民われら一億はらからの負(お)へる使命と云はねばなりませ
ん。

# 八 世界

　陸に海に、ひろびろとひろがつてゐる大東亞が、わが國を中心
として、日に日に輝(かがやか)しい躍進(やくしん)をつづけてゐる
やうすについては、既(すで)に學んだ通りであります。

　世界には、大東亞のほかに、アメリカ・ヨーロッパ及びアフリ
カなどがあります。

　世界の地圖をひらいて見ませう。

　わが國と相對して、太平洋の東にあるアメリカは、その中央附
近がせまくくびれたやうになつてゐますが、この附近で北アメリ
カと南アメリカとに分れてゐます。北アメリカにも南アメリカに
も、たくさんの國々がありますが、中でも最も勢力のあるのは、
米國です。この國は勢ひのあるのに乗じて、世界を支配(しはい)し
ようとたくらみ、よこしまのかぎりをつくして世界の平和をみだ
してゐます。わが國はこの國を撃滅(げきめつ)するために戰つてゐ
ます。

　大東亞の西には、ヨーロッパとアフリカとがあります。

　ヨーロッパはアジヤの西にある半島とも見られるほど、たいへ
ん狹いところですが、ここにたくさんの國々が境を接(せつ)してゐ
ます。中でも力のあるのは、わが同盟(どうめい)國ドイツでありま
す。ドイツは、わが國と力をあはせ、西の英國や米國、東のロシ
ヤとそれぞれ戰ひながら、ヨーロッパをやすらかにしようとつと
めてゐます。

　ヨーロッパの南、地中海(ちちゆうかい)をへだてて位してゐるアフリカは、インド洋や西アジヤによつて、大東亞にとなりあつてゐますが、今では殆んど全部、歐米の勢力でおほはれてゐます。

# 九　北アメリカと南アメリカ

アメリカの主なまちがどちらに多いか、地圖で調(しら)べてみませう。

北アメリカでも、南アメリカでも、産業・交通・文化などの中心になつてゐる主なまちは、東部にかたよつてゐることがわかります。

　東部は西部にくらべて人々の活動が盛んで、アメリカの正面は東部大西洋側にあるといふことができます。このことは、アジヤが太平洋へ正面をむけ、太平洋と一體(いつたい)となるにふさはしいやうすを示してゐるのとくらべて、大きな相違(さうゐ)です。

　アメリカの中心が東部にかたよつてゐるのはなぜでせうか。

ロッキー山脈

これには、いろいろわけがありますが、先づ、アメリカの自然(しぜん)をしらべて見ませう。

　北アメリカも、南アメリカも、西部にはロッキー・アンデスの兩山脈をはじめ、多くの山脈・高原などがあります。これらは、太平洋をめぐる火山帯ととも

に、びようぶをたてたやうに高くそびえて南北に連(つら)なつてゐます。

　これに對して東部には、小さな山地や高原はありますが、だいたいにひろびろとした平地がつづき、北アメリカではミシシッピ

川、南アメリカでは、アマゾン川やラプラタ川などが、これをう
るほしてゆるやかに流れてゐます。

　また北アメリカも南アメリカも、西部はいっぱんに雨量が少
く、ところによると廣い沙漠が發達してゐる程ですが、東部は、
だいたい雨量にめぐまれ、アマゾン川の如きは世界一の水量をほ
こつてゐます。

アマゾン川

　このやうに、自然の上から考へるとアメリカの東部は西部にく
らべて、住民の活動にたいへん都合(つがふ)がよく、このために大
きなまちも東部に數多く發達してゐるのです。

　なほ、アメリカの東部は、ヨーロッパに近いので、大西洋をこ
えてヨーロッパから移(うつ)り住んだものが、先づ東部の大西洋岸
におちついて、その後次第に西へ進んだことも東部が中心になつ
たわけの一つです。

　アメリカには、もともとアジヤ出身の人々が、安らかな生活を樂しんでゐたのですが、およそ四百五十年前から、ヨーロッパ人が新しく移住して、この原住民をひどく壓迫(あつぱく)し、自らは豐富な資源(しげん)を開發(かいはつ)して、今日のアメリカの基(もとゐ)を築(きづ)いたのです。

　米國やカナダなどには、英國から移住したものが多く、メキシコ以南の國々には、イスパニヤ・ポルトガルをはじめ、南部ヨーロッパからの移住者が大部分を占(し)めてゐます。

　アメリカは土地の割合に人口が少く、未開のところもひろく殘つてゐます。このためにかつては、アメリカの諸國は東亞の人々の移住をくわんげいしたのです。太平洋のはるかな潮路(しほぢ)をいとひもせずに、北アメリカや南アメリカへ移り住んで、農業をはじめいろいろな産業に從事(じゆうじ)してゐたわが國人は、その數三十餘萬に達してゐました。

　しかし、わが國力が次第に發展して行くのをねたんだアメリカの諸國は、米國をはじめとして、これらの人々を排斥(はいせき)したばかりでなく、不法(ふはふ)にもわが國民の移住をさしとめたり、制限(せいげん)したりしました。

　支那の人々も、わが國民と同じやうに排斥されました。

　米國の如きは、東亞の人々を排斥したばかりでなく、自らは東亞に乘り出し、東亞を侵略(しんりやく)したのです。さうして、今やこの國は、アメリカ全體に勢力をのばし、多くの國々をひきずつて、世界を支配(しはい)しようとしてゐます。しかし、アメリカにもアルゼンチンをはじめ、米國のこの野心(やしん)をこころよしとしない國が多數あります。

米國の侵略

**驕(おご)れる米國**　今からおよそ百七十年前、英國から分離(ぶんり)した當時の米國は、僅かに東部の十三州からなる小國にすぎなかつたのですが、次第に西へ進んで、百年ばかり前に、太平洋岸に達しました。

　その後、勢に乘じて、アラスカとパナマに兩翼(りやうよく)をひろげ、ハワイ・グアム・フィリピン・アリューシャンなど太平洋上の島々を手中(しゆちゆう)にをさめ、遂には支那をはじめ東亞の各地に進出し、太平洋の波をたちさはがせ、東亞侵略の野望(やばう)をたくましうしました。

草原と牧畜

　十三の條(すぢ)と四十八の星からなる米國の國旗は、この國が侵略によつて、その領土をひろげたことを明らかに物語(ものがた)つてゐます。

　米國は、太平洋をへだてて、わが國と殆んど同緯度(どうゐど)上にあり、大部分は溫帶に位してゐます。

　また、東部にはひろい平野がひらけ、北の五大湖(ごだいこ)と南のミシシッピ川とはこの平野の交通・灌漑に役立つてゐるので、農業・牧畜業が發達し、小麥・綿花・玉蜀黍(たうもろこし)・煙草などの栽培、牛・豚などの飼養が盛んに行はれてゐます。また、鐵・石炭・石油・銅などの鑛産も多く、五大湖の沿岸から東海岸にかけては大工業がおこつてゐます。ニューヨークやシカゴはその中心地です。

　このやうに、いろいろな産物に富んではゐますが、しかし、ゴム・キナ・マニラ麻・生絲・錫・マンガン・タングステンなどは

何れも乏(とぼ)しく、しかもこれらの物資(ぶつし)は大東亞にのみ多く産するもので、米國の手にいれにくいものです。また、米國は戰爭のために船や車が不足してゐますから、廣い國土の各地から產出する物資を、自由に運搬(うんぱん)することができなくなつて、たいへん困つてゐます。

都市の高層建築

しかし、いろいろな資源をもつてゐる上に、あたりに強い國がないのに乘じて、北アメリカと南アメリカの全部を自國に都合のよいやうに無理にひきまはし、更に英國と力をあはせ、ロシヤを利用して、世界に覇(は)をとなへようとつとめてゐます。

東部のワシントンはこの國の首府です。太平洋岸には、シヤトル・サンフランシスコ・ロスアンゼルス・サンヂェゴなどの主な港市があります。

パナマ運河

　パナマ運河は、アメリカ大陸の中の最も狹いところを切開(きり
ひら)いて作つたもので、太平・大西兩洋の出入口としてたいせつ
なところです。それで米國はこの地帶(ちたい)をパナマ國から無理
にかりうけて、交通・軍事などに大に利用してゐます。今では、
米國の勢力が太平洋へ出る時の最も重要な一つの基地になつてゐ
ます。

　**カナダ**　　米國の北につづいてゐるカナダは、英國の領土であり
ますが、近頃米國の勢におされて、殆んどその支配下(しはいか)に
あるといつてもよいほどです。殊に米國領のアラスカが、カナダ
の北部にあるため、今では米國とアラスカとを結ぶ廊下の役目も
つとめてゐます。

　この國の中心地帶は、五大湖の沿岸をはじめ米國との境に近い
南部地方で、小麥の栽培その他の産業が行はれてゐます。北部は
氣候が寒冷(かんれい)なために、あまり利用されてゐませんし、人
口もごくわづかです。

アラスカはアリユーシャンとともに米國が北太平洋から東亞へ進む重要な根據地(こんきよち)になつてゐます。

**アルゼンチンとブラジル**　　南アメリカではアルゼンチンとブラジルがあらはれてゐます。

アルゼンチンは、南米で最強をほこる國で、米國の壓迫(あつぱく)にも屈(くつ)せず久しく中立(ちゆうりつ)を守つてゐました。この國にはラプラタ川のうるほす肥沃(ひよく)な廣い平原があり、その上、氣候にもめぐまれてゐますから農業や牧畜業が盛んです。

ブエノスアイレスの穀物倉庫

小麥の栽培及び羊や牛の飼養が多く、麥粉・羊毛・肉類などの輸出の多いことは世界屈指(くつし)です。

首府ブエノスアイレスはラプラタ川に臨(のぞ)み、水陸交通の要地を占め、南半球(みなみはんきう)最大の都市です。

小麥の運送

　ブラジルは南米で最も面積の廣い國です。

　北部のアマゾン川流域には、平地が廣くつづいてゐますが、赤道直下(ちよくか)の地方であるため、暑さもはげしく濕氣(しつき)も多いので、密林(みつりん)でおほはれあまり開發されてゐません。近時ゴムの栽培が米國の手で行はれてゐますが、その産額はわづかです。

南米に於けるわが國人の村

　南部には、高原があつて氣候もよいので、いろいろな産業が行はれてゐますが、中でもコーヒーの栽培が盛んで、産額は世界一です。

邦人のコーヒー收穫

　さうして、このコーヒー栽培のため、わが國から移住した同胞（どうはう）が、數十年の久しい間努力しつづけたことを忘れてはなりません。その數は、およそ二十萬にも及んでゐます。首府リオデジャネーロの西にあるサンパウロの附近には、これら同胞の汗（あせ）の結晶（けつしやう）たる見事（みごと）なコーヒー園が廣くつづいてゐます。

## 十 ヨーロッパとアフリカ

　大東亞の西に半島のやうな形をして連(つら)なつてゐるヨーロッパは、支那より稍々(やや)小さいぐらゐですが、ここには、わが盟邦(めいはう)ドイツをはじめロシヤ・英國などのやうに、世界にその名のあらはれてゐる國々があります。

　ヨーロッパはその位置が北の方にありますが、暖流や風などのために割合に暖かです。また海岸線の出入が甚だしく、平地も多いので、海陸の交通に便利で、その上、各地に豊富な炭田(たんでん)や鐵山がありますから、工業を勃興(ぼつこう)させることが出來て、文化もすすみました。

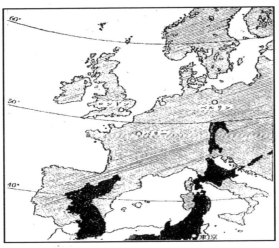

東京・ベルリン・ロンドンの位置

　しかし、工業の原料品を得るためや、製品を販賣(はんばい)するためには、他の地方を利用せねばならないのです。

　このために、ヨーロッパの列强(れつきやう)は、競(きそ)つて領土をひろげることにつとめ、大東亞をはじめアフリカやアメリカなどに進出(しんしゆつ)しました。英國の如きは小さな一島國(しまぐに)にすぎないのですが、世界の各地を侵略し、米國とともによこしまのかぎりを盡(つく)しました。

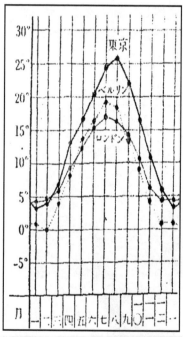

　アフリカは地中海(ちちゆうかい)によつてヨーロッパと相對(あひたい)してゐるのですが、すべてのやうが、ヨーロッパとは著(いちじる)しくちがひます。

　面積はヨーロッパの三倍もありますが、人口は五分の一にすぎません。さうして、殆んど大部分が歐・米の勢力でおほはれて、名のある國もなければ産業の盛んな地方もありません。

東京・ベルリン・ロンドンの氣溫

ナイル川と沙漠

**ドイツの發展**　わが盟邦(めいはう)ドイツは、ヨーロッパの中央部に多くの國々と境(さかひ)を接して位してゐます。さきに歐洲大戰で敗れた後、一時は國力が衰(おとろ)へましたが、國運(こくうん)の恢復(くわいふく)をめざせる國民は一致團結(いつちだんけつ)して、あらゆる困難にうちかち、産業をおこし、國防をととのへ、遂に米・英の壓迫(あつぱく)をしりぞけて今日のやうな強い國となりました。今ではフランス・オランダをはじめヨーロッパの殆んどすべての國々に臨(のぞ)んでこれらを指導しながら、東にロシヤを抑え、西に米・英をむかへうつてゐます。

　地形や氣候などにはあまりめぐまれてゐないが、國民の努力と學問・技術の進歩によつて、土地の利用はたいへんよく行はれ、農業・林業・牧畜業など何れもよく發達してゐます。

　また、ライン川の流域をはじめ國內各地から石炭や鐵を多く産出し、その上、戰爭によつて石油や穀物(こくもつ)などの豐富に産する地方を支配するやうになりましたから、ドイツの勢力はいつそう強くなりました。

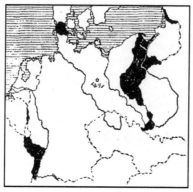

ドイツの割讓地域

しかし、わが國とちがつて海にめぐまれてゐません。もつとも、今では北はノルウェーから南はフランスに至る大西洋岸一帯を占領(せんりやう)してゐますが、その前面には英國が位しております。また、南の地中海(ちちゆうかい)方面ではイタリヤが動搖(どうえう)しました。これらのために海上の活動は陸上ほどではありません。

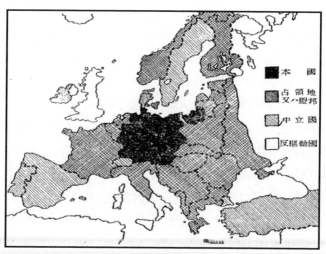

本　國
占領地又ハ盟邦
中立國
反樞軸國

ドイツの勢力

　陸に強いドイツが海へも力強く乘出(のりだ)す日こそヨーロッパに新しい秩序が確立(かくりつ)されるときでせう。

　ベルリンは、ドイツの首都として、またヨーロッパの政治・軍事・經濟(けいざい)の中心地としてたいせつな町です。

ベルリン

　**海を求めるロシヤ**　　ドイツに接してゐるロシヤはヨーロッパでいちばん東にある國です。ヨーロッパでは地形も氣候も、どちらかといへば、西の方が人々の活動に便利で、最も東にあるロシヤは自然のめぐみをうけることの少い國です。

　今日、歐洲の戰線でロシヤ兵がねばり強い性質をあらはすことのあるのを、このロシヤの自然とあはせ考へて見ませう。

　ロシヤの中心は黑海(こくかい)の沿岸からウラル山麓(さんろく)に至る地方で、農業や工業が行はれてゐます。しかし、今ではこの重要な地方の大部分をドイツに占領されてゐます。

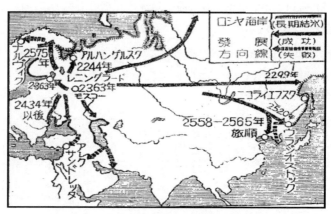

ロシヤの海への努力

　ロシヤはヨーロッパからアジヤに連なる廣い領土を持つてゐるのですが、位置が北にかたよつてゐて、よい海岸がないので、常に活動に都合のよい海を求めようとつとめ、ヨーロッパや西部アジヤ或は東亞に於いてしばしば列國と爭ひました。南のよい海を求めることは昔から一貫(いつくわん)してゐるロシヤの方針(はうしん)です。

　首府はモスコーであります。

　**島国(しまぐに)英国**　英國はドイツの西にせまい海峽をへだてて位してゐる小さな島國で、面積はわが國のおよそ三分の一ぐらゐです。

　國內には石炭や鐵の產地が多く、また海・陸の交通にも惠まれてゐるので、早くから工業をおこし、商業を進めて、その名をあらはし、首府ロンドンの如きは、一時は世界經濟(けいざい)の中心になつてゐました。

　しかし、英國繁榮(はんえい)のかげには多くの地方が次々と侵略
されて、原料の供出(きようしゆつ)や製品(せいひん)の消費(せう
ひ)のために使はれてゐたことを忘れてはなりません。マライ・ビ
ルマをはじめインド・濠洲(ごうしう)・ニュージーランド・南アフ
リカ及びカナダなどがこれであります。

プリンス・オブ・ウェルズの最期

　英國は、これら世界の各地に散在(さんざい)してゐる領土と本國
とを結ぶために、海軍力の充實(じゆうじつ)と海運力(かいうんり
よく)の強化(きやうくわ)に力をそそいできました。しかし、大東
亞戰爭以來、この英國の命(いのち)の綱(つな)であつた商船や軍艦
が、皇軍によつて粉碎(ふんさい)され、またシンガポールをはじめ
として、その大切な根據地(こんきよち)をもつぎつぎに失ひまし
た。このため、今日の英國には、大英帝國とほこらかに呼んでゐ
た頃のおもかげすらもなく、からうじて米國に賴(たよ)つて、その
崩壞(ほうくわい)をくひとめてゐるにすぎません。

　國民の數は、わが國の二分の一足らずです。大部分は、アング
ロ・サクソン族で、利己的なことと、傲慢(がうまん)なことで知ら
れてゐます。

アフリカの沙漠

　**アフリカ**　　アフリカはアジヤにつぐ大きな大陸ですが、大部分
が熱帯にあり、沙漠(さばく)や密林(みつりん)が廣く發達してゐま
す。その上、いつぱんに高い臺地(だいち)が續いて海岸に迫(せま)
つてゐるので、北部と南部の一部のほかは、だいたいに開けてゐ
ません。

　エジプトは大部分が西部アジヤに續く沙漠ですが、ナイル川の
沿岸だけは古くから文化が開け、首府のカイロはアフリカ第一の
都市です。附近はアジヤやヨーロッパに近く、また地中海(ちちゆ
うかい)の人口を占める重要な位置にあるので、屢々(しばしば)列
強(れつきやう)の爭奪(さうだつ)の地となりました。

泉地と市場

　この要地にあるスエズ運河(うんが)は、スエズ地峽(ちけふ)を切開いてつくつたもので、インド洋と地中海卽ちアジヤとヨーロッパとを連絡する大切な通路で、アフリカの南を廻航(くわいかう)する場合にくらべて、約五千海里も短縮(たんしゆく)ができ、パナマ運河と並(なら)び稱(しよう)せられる有名な運河です。

　大陸の南のはしにある南アフリカ聯邦(れんぱう)は、英國が侵略によつて領有したところです。インド洋と大西洋とを連ねる要地として注目せねばなりません。ケープタウンはその中心地です。

# 十一　皇國日本

　私たちは、環境(くわんきやう)の觀察(くわんさつ)からはじめて、わが國全體のこと、或は東亞や世界のやうすに至るまで一通り知ることができました。しかし、もう一度東亞や世界を見た眼(め)でわが國のやうすを眺(なが)めて見ませう。

　**國土(こくど)と國民**　わが國の歷史は、世界にくらべもののない立派なもので、日出づる國日本の名にたがはず、肇國(てうこく)の古からひとすぢに發展をつづけて來たのであります。そして、今では大東亞はいふまでもなく、全世界の指導(しだう)國となりました。

　わが輝(かがやか)しい國史や、たくましい國勢が、尊(たふと)い國がらにもとづくことはいふまでもありませんが、また優(すぐ)れた國土にはぐくまれたためであることも忘れてはなりません。

　わが國は、世界で最も廣い太平洋と、世界で最も大きいアジヤ大陸とを東・西に控(ひか)え、兩者を結んで長く南北に連(つら)なつてゐます。

　外、太平洋に對しては、北は千島列島から南は南洋にのびる島々によつて、その西緣(せいえん)を擁(よう)し、あたかも翼(つばさ)をはつて進むやうな積極性(せききよくせい)を示してゐます。また、內、アジヤ大陸に對しては、幾つかの緣海(えんかい)によつて程よい間隔(かんかく)を保ちながら、ちやうどこれを守るやうに、また扼(やく)するやうにその前面に展開(てんかい)し、且つ朝鮮半島を通じて大陸と固く結ばれてゐます。

　わが國が肇國以來、一度も外敵(ぐわいてき)によつておかされた
ことがなく、神州(しんしう)のほこりも高く連綿(れんめん)として
今日に及び、また國民の團結心(だんけつしん)が固く愛國の精神の
強いこと、或は大陸文化をぞんぶんにとり入れて立派(りつぱ)な日
本文化をうちたてたことなどは、何れもこの優れた位置によると
ころが多いのです。

　皇軍が、陸・海ならび立つて世界無比(せかいむひ)の精鋭(せい
えい)をうたはれてゐることも、海によく陸によいこのわが國土に
深く根ざしてゐるのであります。

　まことにわが國は、單なる島や半島からなる小國ではなく、世
界一の海洋と大陸とをその手に握つて、生々として無窮(むきゆう)
に發展しうる神國であります。

敵 前 上 陸

さうして、わが國土と大陸や海洋との關聯(くわんれん)は、わが國におとづれる季節風によつて、いつそうつよめられてゐるのです。

即ち、夏は著しく高温である上に南東風が濕潤(しつじゆん)をもたらし、さながらわが國土が熱帯の南太平洋へ動き移つたやうになります。これに對して冬の北西風は、北方アジヤ大陸の寒冷をもつて、殆んどわが全域(ぜんゐき)を包(つつ)んでしまふのであります。

わが國の氣候は、だいたい溫和であるとはいふものの、季節によつて、著しい變化があり、けつして平凡ではありません。

古來、わが國民が朔風(さくふう)たける北の海にも、また炎熱(えんねつ)きびしい南の地にも、勇ましく雄飛(ゆうひ)してきたことや、今日、皇軍將兵が南と北の別もなく赫々(かくかく)たる戰果をあげてゐることなどは、この變化に富んだ氣候の下で、父祖代々鍛練(たんれん)されたためであるともいへませう。

歐・米人は、南方の諸地方に移り住むことが困難であるために、大東亞でも、アフリカでも、またアメリカでも高温多濕(たしつ)の地方の眞の開發は、彼等の手ではできなかつたのです。これにくらべて世界のどこにでも活動することのできる日本人こそ、世界で最もすぐれた指導者(しだうしや)たる素質(そしつ)をそなへてゐるといふことができます。

わが國では、氣候だけではなく、地形もまた變化に富んでゐます。大八洲(おほやしま)の名にふさはしい數多(あまた)の島々は、互ひに相呼び相こたへるやうに海峽や内海をはさんでならんでゐます。また朝鮮や關東州のやうな半島もあります。海岸線の出入

の多いことも世界屈指(くつし)です。更に各地に高山峻峰(しゆんぼう)が聳(そび)え、深谷(しんこく)をきざんで流れる清流もあります。

富士と櫻

　このやうに複雜(ふくざつ)な地形は、變化の多い氣候と相まつて、わが國土を限りなく美しくひきたててゐます。海岸に山岳(さんがく)に、いたるところくりひろげられてゐる美しい風景は、わが國民の魂(たましひ)をいかに豐かに培(つちか)つてきたことでせうか。

　まことに、わが國土こそ、淸く明(あか)い大和心(やまとこころ)の育ての親であります。

　しかし、わが自然は、單にやすらかで、美しいのみではありません。時には火山が活動し、地震(ぢしん)がおこり、颱風(たいふう)や津波(つなみ)も襲來(しふらい)すれば、洪水(こうずゐ)や旱魃(かんばつ)のわづらひもあるのです。しかも、これらの災禍(さいくわ)は、國民にとつては不撓不屈(ふたうふくつ)の心を錬(ね)り、更生(かうせい)の力をよびさます機會(きくわい)となり、いつそう國土への敬愛(けいあい)の念を強めてきたのであります。

日本式庭園

　世界で、わが國民ほど自然を愛し、敬ひ、且つこれに親しむ國民はないといはれてゐます。私たちの生活をかへり見れば、衣・食・住のすべてにわたつて自然がぞんぶんにとり入れられ、むしろ自然と一體になつてゐる感が深いのであります。

　まことにわが國土は、神の生み給ふたものであり、私たち國民とともに相たづさへて大君に仕へ奉る同胞(どうばう)であります。

　私たちはこのやうなありがたい國土に生を亨(う)けてゐるのです。このことを深く心にとどめ、われらの國土、神州をかたくまもらねばなりません。

　わが國土は面積六十八萬餘方キロで、世界の主な國々にくらべると大きい方ではありません。しかし、人口は一億の多きを數へ、密度(みつど)も一方キロに百五十人を超えてゐます。その上、人口增加の割合の高いことは列強中第一で、まことに心強いかぎりです。

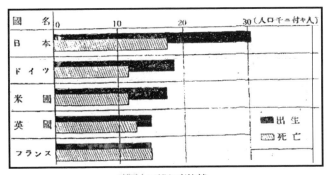

列國人口增加率比較

　**國土と產業**　面積が狹いので、產物の量にはめぐまれてゐませんが、變化に富んでゐる風土は國民の勤勉(きんべん)と相俟(あひま)つて、その種類を多くし、古來、山(やま)の幸(さち)、海(うみ)の幸(さち)の豐かさをうたはれてゐます。

　もともとわが國は農業を主とする國で、瑞穗國(みづほのくに)とも呼ばれ、國民の半は農業に從事してゐます。

　土地は山がちで平原が少いため、耕地の面積は全面積の二割にすぎません。しかし、幸に季節風地帶に位してゐるために、夏季の高溫多雨に惠まれ、農業を進めるには好都合で、土地の利用はよくゆきとどいてゐます。殊に多くの人口を擁(よう)してゐますから、勢ひ食料の生産に中心を置く集約(しふやく)農業が行はれ、米をはじめ麥・豆・さつまいも・じゃがいも・さたうきびなどが主な產物です。さうして、食料はだいたい國內で自給自足(じきふじそく)ができます。このことは戰時下に於いてはまことに有難(ありがた)いことです。

　米はアジヤの季節風帶の特產物で、東亞の人々の主食物(しゆしよくもつ)です。

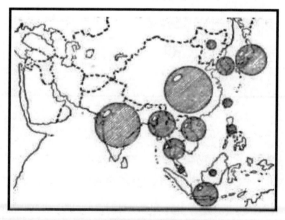

大東亞の米の產地

わが國では樺太を除く、ほとんど全國土で栽培されてゐますが、穀倉(こくさう)として期待されてゐる朝鮮ではいつそう増産につとめねばなりません。

食用作物(しよくようさくもつ)にくらべて工藝(こうげい)作物の少いことは、大きな缺陷(けつかん)ですが、わが國としてはやむを得ないことであります。綿は朝鮮その他で栽培(さいばい)されてはゐますが、たうてい國内の需要(じゆえう)に應(おう)ずることができないので、戰前は米國やインドなどから輸入してゐました。しかし大東亞共榮圏には綿の栽培に適したところも多いので、これから、共榮圏で自給自足ができるやうにせねばなりません。

朝鮮の緬羊

養蠶は古くから農家で行はれてゐました。本州中央の高地をはじめ、國内の各地から産出する生絲は、その質・量ともに世界一で、今や東亞の大切な繊維資源(せんゐしげん)となつてゐます。

わが國は原野(げんや)に乏しく、濕潤(しつじゆん)であるため

に、歐・米のやうに大規模な牧畜は行はれてゐません。また、外國のやうに、農業にたくさんの畜力(ちくりよく)を使ひませんから、牛や馬の頭數も多い方ではありません。

しかし、馬は軍馬として、牛は耕役(かうえき)用や肉用などとして、それぞれ大切ですから、何れも飼育頭數(しいくとうすう)は次第に增(ふ)えてゐます。緬羊(めんやう)は朝鮮その他で飼育されてゐますが、頭數が少く、羊毛の大部分は外國から供給(きようきふ)を仰がねばなりません。近くに世界一の羊毛の產地濠洲を控(ひか)えてゐますが、北支や滿洲などの適地でも緬羊の飼育を盛んにせねばなりません。

南方のチークの林

だいたいに、高溫多雨なわが國の氣候は樹木の生育に適し、その上、山地が多いので、わが國土の半(なかば)は森林でおほはれ、風景にもおもむきを添(そ)えてゐます。氣候や地形が變化に富んでゐるので、樹木の種類もたいへん多く、木材や薪炭(しんたん)用材として、或はパルプ・紙などの原料として利用されてゐます。

しかし、國產だけでは不足してゐますから、近時、東インドの島々その他、南方各地の森林の開發を盛んにすすめてゐます。

　國土の大部分は海をめぐらし、海岸線の長いことは世界屈指です。その上、沿岸は黑潮(くろしほ)・親潮(おやしほ)をはじめ、暖流や寒流に洗(あら)はれ、また、近海には淺海(せんかい)が廣く發達して魚族も多いので、國民の勇敢な性質と相まつて、古來、水產業はわが國の主な產業に數へられてゐます。そして、今やわが漁船の活動範圍(くわつどうはんゐ)は、單に沿岸だけではなく、北洋から南海へ、また太平洋からインド洋に及び、水產物や水產製造物は世界一の豐かさを示し、國內で食料や工業用原料などとして利用されるほか、大東亞の各地へも送り出されてゐます。

　製鹽業は瀬戸內海の沿岸をはじめ、朝鮮・臺灣の西海岸、關東州などで行はれてゐますが、近年工業鹽(こうげふえん)の需要がたいへん增加しましたから、北支那などから輸入してゐます。

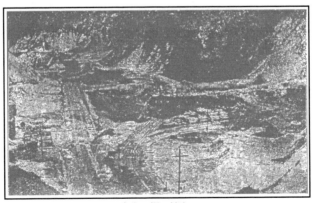
南方の錫の鑛山

　　鑛産物の種類は甚だ多いけれども、産額はだいたい少く、わが國第一の鑛産物といはれてゐる石炭も國産だけでは足りません。また、石油・鐵などの重要鑛産物にも惠まれてゐません。

　　しかし、近時國內はいふまでもなく、支那・滿洲の鐵山や炭田などの開發が盛んに進められてをり、また、南方の豐富な石油・錫(すず)その他いろいろな鑛物も、わが國人の手でどしどし採掘(さいくつ)されるやうになりました。それで、今までわが資源の中で最も乏しいと憂(うれ)へられてゐた地下資源も、これからは大東亞で自給自足することができるやうになるでせう。

　　我が國の工業は、近年著しく發達し、製品の種類も産額も世界屈指です。

　　從來紡織(ばうしよく)などの輕(けい)工業が中心で、綿織物その他の纖維製品(せんゐせいひん)がわが國の主な輸出品となつてゐましたが、戰時下の現在では、金屬(きんぞく)・機械(きかい)などの重工業や諸種の化學(くわがく)工業などがこれにかはつてめざましい發展をつづけてゐます。

　　わが國土は海上の交通に惠まれてゐるので、原料や製品の運搬(うんぱん)に好都合(かうつがふ)なことは勿論(もちろん)ですが、その上、水力電氣の利用も便利で且つ人口は多く、しかも國民は勤勉で科學的技術(くわがくてきぎじゆつ)にもすぐれてゐます。隨つて、世界の寶庫といはれる南方に新しい建設がすすみ、また十億に近い人口を擁(よう)してゐる大東亞に共榮圈(きようえいけん)が確立されようとしてゐる今日、工業の前途(ぜんと)はまことに洋々(やうやう)たるものがあります。

　　このやうに優(すぐ)れた一億の國民は美しい國土と一體になつ

て、國勢(こくせい)さかんな大日本を打ち立ててゐるのです。そして、今や、皇國を指導の力と賴(たの)む大東亞には、新しい建設の偉業(ゐげふ)が日を逐(お)うてめざましくすすめられてゐます。

昭和十八年十一月には、帝都東京に大東亞會議が開催(かいさい)され、わが國をはじめ、滿洲・支那・タイ・ビルマ及びフィリピンなど東亞六ヶ國の代表が參集して、大東亞共同宣言(せんげん)を發しました。そして、東亞十億の總力を集めて大東亞戰爭に勝拔(かちぬ)き、大東亞の建設と世界の進運(しんうん)に貢獻(こうけん)すべきことを固く約束したのであります。まことに世界歷史はじまつて以來の壯觀(さうくわん)と言はねばなりません。

久しい間、米・英などの侵略のために、その本來(ほんらい)の姿を失つてゐたアジヤにも、今や希望の曙(あけぼの)が、おとづれようとしてゐます。

私たちは、世界にまたとない立派な國土に生まれ、尊い國體に育(はぐ)くまれてゐることを深く考へ、よろづの民、すべての國をして、各々その處を得しめるために、如何なる困難をも乘切(のりき)つて米・英擊滅(げきめつ)の一路(いちろ)を邁進(まいしん)せねばなりません。

昭和十九年三月二十五日翻刻印刷

昭和十九年三月二十八日翻刻發行

本書ノ本文並ニ寫眞・地圖ハ陸軍省ト協議濟
海軍省ト協議濟

著作權所有

發行所

初等地理六年 下

定價金二十八錢

著作兼
發行者　　　朝　鮮　總　督　府

京城府龍山區大島町三十八番地

翻刻發行
兼印刷者　　　朝鮮書籍印刷株式會社

代表者　　諏　訪　　務

京城府龍山區大島町三十八番地

發　行　所

京城府龍山區大島町三十八番地

朝鮮書籍印刷株式會社

# 편자소개(원문서)

김순전 金順槇
소속 : 전남대 일문과 교수, 한일비교문학·일본근현대문학 전공
대표업적 : 저서 :『한일 경향소설의 선형적 비교연구』, 제이앤씨, 2014년 12월

사희영 史希英
소속 : 전남대 일문과 강사, 일본근현대문학 전공
대표업적 : 저서 :『『國民文學』과 한일작가들』, 도서출판 문, 2011년 9월

박경수 朴京洙
소속 : 전남대 일문과 강사, 일본근현대문학 전공
대표업적 : 저서 :『정인택, 그 생존의 방정식』, 제이앤씨, 2011년 6월

장미경 張未京
소속 : 전남대 일문과 강사, 일본근현대문학 전공
대표업적 : 저서 :『제국의 식민지 창가』, 제이앤씨, 2014년 8월

김서은 金瑞恩
소속 : 전남대 일문과 강사, 일본근현대문학 전공
대표업적 : 논문 :「근대 한일미디어와 대중가요의 相乘作用 考察」, 日本語文學,
2015년 6월

차유미 車兪美
소속 : 전남대 일문과 석사, 일본근현대문학 전공
대표업적 : 논문 :「일제강점기 國史의 敍事 고찰 -『普通學校國史』와 『初等國史』
를 중심으로」

여성경 呂娍景
소속 : 전남대 일문과 석사, 일본근현대문학 전공
대표업적 : 논문 :「일제강점기 초등학교 교과서의 공간 변용-『初等地理』와 『國語
讀本』을 중심으로-」

# 朝鮮總督府 編纂 初等學校 『地理』 교과서 (下)

**초판인쇄** 2017년 4월 7일
**초판발행** 2017년 4월 17일

**편    자** 김순전 사희영 박경수 장미경 김서은 차유미 여성경 공편
**발 행 인** 윤석현
**발 행 처** 제이앤씨
**등록번호** 제7-220호
**책임편집** 차수연

**주    소** 01370 서울시 도봉구 우이천로 353
**대표전화** (02) 992-3253
**전    송** (02) 991-1285
**홈페이지** www.jncbms.co.kr
**전자우편** jncbook@dauml.net

ⓒ 김순전 외, 2017. Printed in KOREA.

ISBN 979-11-5917-059-1 94910　　　　　**정가** 19,000원
　　　979-11-5917-056-0 (전3권)